Begriffsgeschichte zur Einführung

Ernst Müller / Falko Schmieder

Begriffsgeschichte zur Einführung

JUNIUS

Junius Verlag GmbH
Stresemannstraße 375
22761 Hamburg
www.junius-verlag.de

Umschlaggestaltung: Florian Zietz
Titelbild: Romolo Tavani/stock.adobe.com
Satz: Junius Verlag GmbH
Printed in the EU 2020
ISBN 978-3-96060-317-7

Bibliografische Information der Deutschen Nationalbibliothek
Die Deutsche Nationalbibliothek verzeichnet diese Publikation in der Deutschen Nationalbibliografie; detaillierte bibliografische Daten sind im Internet über http://dnb.dnb.de abrufbar.

Zur Einführung …

... hat diese Taschenbuchreihe seit ihrer Gründung 1977 gedient. Zunächst als sozialistische Initiative gestartet, die philosophisches Wissen allgemein zugänglich machen und so den Marsch durch die Institutionen theoretisch ausrüsten sollte, wurden die Bände in den achtziger Jahren zu einem verlässlichen Leitfaden durch das Labyrinth der neuen Unübersichtlichkeit. Mit der Kombination von Wissensvermittlung und kritischer Analyse haben die Junius-Bände stilbildend gewirkt.

Seit den neunziger Jahren reformierten sich Teile der Geisteswissenschaften als Kulturwissenschaften und brachten neue Fächer und Schwerpunkte wie Medienwissenschaften, Wissenschaftsgeschichte oder Bildwissenschaften hervor. Auch im Verhältnis zu den Naturwissenschaften sahen sich die traditionellen Kernfächer der Geisteswissenschaften neuen Herausforderungen ausgesetzt. Diesen Veränderungen trug eine Neuausrichtung der Junius-Reihe Rechnung, die seit 2003 von der verstorbenen Cornelia Vismann und zwei der Unterzeichnenden (M.H. und D.T.) verantwortet wurde.

Ein Jahrzehnt später erweisen sich die Kulturwissenschaften eher als notwendige Erweiterung denn als Neubegründung der Geisteswissenschaften. In den Fokus sind neue, nicht zuletzt politik- und sozialwissenschaftliche Fragen gerückt, die sich produktiv mit den geistes- und kulturwissenschaftlichen Problemstellungen vermengt haben. So scheint eine erneute Inventur der Reihe sinnvoll, deren Aufgabe unverändert darin besteht, kompetent und anschaulich zu vermitteln, was kritisches Denken und Forschen jenseits naturwissenschaftlicher Zugänge heute zu leisten vermag.

Zur Einführung ist für Leute geschrieben, denen daran gelegen ist, sich über bekannte und manchmal weniger bekannte Autor(inn)en und Themen zu orientieren. Sie wollen klassische Fragen in neuem Licht und neue Forschungsfelder in gültiger Form dargestellt sehen.

Zur Einführung ist von Leuten geschrieben, die nicht nur einen souveränen Überblick geben, sondern ihren eigenen Standpunkt markieren. Vermittlung heißt nicht Verwässerung, Repräsentativität nicht Vollständigkeit. Die Autorinnen und Autoren der Reihe haben eine eigene Perspektive auf ihren Gegenstand, und ihre Handschrift ist in den einzelnen Bänden deutlich erkennbar.

Zur Einführung ist in der Hinsicht traditionell, dass es den Stärken des gedruckten Buchs – die Darstellung baut auf Übersichtlichkeit, Sorgfalt und reflexive Distanz, das Medium auf Handhabbarkeit und Haltbarkeit – auch in Zeiten liquider Netzpublikationen vertraut.

Zur Einführung bleibt seinem ursprünglichen Konzept treu, indem es die Zirkulation von Ideen, Erkenntnissen und Wissen befördert.

Michael Hagner
Ina Kerner
Dieter Thomä

Inhalt

Einleitung

Wer im deutschsprachigen Online-Lexikon Wikipedia ein Wort oder einen Begriff nachschlägt, wird häufig im Inhaltsverzeichnis des Artikels auf einen Abschnitt zur ›Begriffsgeschichte‹ stoßen. Offenbar besteht in der Netzgemeinschaft Konsens darüber, dass die Geschichte eines Begriffs oder eines Wortes zu dessen Verständnis dazugehört. Doch diese Abschnitte verhandeln sehr Unterschiedliches: Oft sind es einige Zeilen zur Etymologie oder Begriffsentstehung (wie im Falle von ›Demokratie‹, ›Computer‹ oder ›Krankheit‹), mitunter findet man, wie im Falle von ›Energie‹, genauere Terminologiegeschichten, also auf wissenschaftliche Bestimmungen (Definitionen) konzentrierte Darstellungen. Manchmal werden auch Umbrüche in der Wortverwendung beschrieben (zum Beispiel der Bedeutungswandel von ›Neoliberalismus‹ seit etwa 1980), seltener ausgefeilte Ideengeschichten verhandelt (›Der Friedensgedanke in der Geschichte‹ oder ›Säkularisierung in der Geschichte‹). Andere Artikel verzichten ganz auf eine historische Darstellung, obwohl sie für das Verständnis des Begriffs wichtig wäre.

Das populäre Online-Lexikon mag die Wissenschaft nicht direkt angehen, doch es zeigt einerseits, dass prinzipiell ein historisches Interesse an unseren Begriffen und Semantiken besteht, und andererseits, dass unter ›Begriffsgeschichte‹ nicht etwas so Verbindliches verstanden wird, wie man nach dem Erscheinen dickleibiger Lexika wie des *Historischen Wörterbuchs der Philosophie*

(Ritter/Gründer/Gabriel 1971–2007) oder der *Geschichtlichen Grundbegriffe: Historisches Lexikon zur politisch-sozialen Sprache in Deutschland* (Koselleck/Brunner/Conze 1972–1997) vermuten sollte.

Tatsächlich prägen solche Unklarheiten auch die wissenschaftliche Verständigung über die Begriffsgeschichte; kaum einer der methodischen Termini (Begriff, Wort, Bedeutung, Grundbegriff etc.) ist einvernehmlich geklärt. Eine Ursache dafür ist, dass sich die Begriffsgeschichte historisch aus unterschiedlichen wissenschaftlichen Disziplinen entwickelt hat, die jeweils auch unterschiedliche Interessen mit ihr verbanden. Die begriffsgeschichtliche Praxis ging dabei oft der Methodendiskussion voraus. Für die meisten Methodenbegriffe der Begriffsgeschichte selbst gilt deswegen, was Friedrich Nietzsche über historisch entstandene Begriffe gesagt hat: »alle Begriffe, in denen sich ein ganzer Prozeß semiotisch zusammenfasst, entziehen sich der Definition; definirbar ist nur Das, was keine Geschichte hat« (Nietzsche 1887/1988: 317).

Erstaunlicherweise sind sich viele Sprachwissenschaftler und Begriffsgeschichtsforscher darin einig, dass es für die praktische begriffsgeschichtliche Arbeit weder notwendig noch hilfreich ist, diese Begriffe präzise zu bestimmen (Busse 1987: 80; Knobloch 1992). Indem sie für Pragmatik votieren, geht es mitunter eher um den Abbau linguistischer oder philosophischer Vorbehalte als um den Aufbau komplexerer methodischer Instrumentarien. Viele Probleme können geklärt werden, weil sie im Diskurs selbst thematisiert werden. Nichtsdestotrotz verdankt die Begriffsgeschichte ihre Erfolge auch ihrer methodisch reflektierten und überprüfbaren Form, sie bewegt sich zwischen dem Extrem allzu großer Vagheit und dem Extrem allzu enger Bestimmungen, die dem Gegenstand nicht gerecht werden. Methode und Gegenstand hängen zudem so eng zusammen, dass jede Erforschung eines Begriffs mit einer spezifischen Methodenreflexion und der Ausbildung eines eigenen Instrumentariums verbunden sein wird. Auch diese Einführung wird nicht mit Definitionen arbeiten können, sie wird interpretierende Reflexionen der methodischen Kategorien und Verfahren anbieten. Mitunter erscheinen sie wie Tunnelbohrungen von verschiedenen Seiten, die sich nicht unbedingt treffen.

Schon der Status der Begriffsgeschichte im Gefüge der Wissenschaften ist alles andere als klar, ebenso ihre Abgrenzung von anderen Forschungsrichtungen. Die Begriffsgeschichte gilt bisweilen als eine historische Hilfswissenschaft. Doch sie ist selbst theoretisch höchst voraussetzungsvoll und reflexionsbedürftig. Als die ihr übergeordnete Forschungsrichtung kann man die *kulturelle Semantik* fassen, die sich (auf der Gegenstandsebene) mit Bedeutungen jedweder Art und ihren Veränderungen im Horizont der Geschichte beschäftigt. Kulturelle Semantik betrachtet also nicht allein die Sprache als Bedeutungsträger, sondern weitere, ganz unterschiedliche kulturelle Äußerungsformen wie etwa Rituale, Bilder, Habitus, Mimiken, Emotionen, Gesten oder Kleiderordnungen. Unter ihnen zeichnet sich die Sprache dadurch aus, dass sie nicht nur Bedeutungen artikuliert, sondern im eigenen Medium über diese Bedeutungen reflektieren und als allgemeines Medium zugleich andere Bedeutungsformen übersetzen kann. Erst in den letzten Jahren hat sich *Historische Semantik* als Oberbegriff für die Forschungen durchgesetzt, die sich mit der Rekonstruktion der Genese und Struktur sprachlicher Bedeutung vor allem vergangener Gesellschaften und Kulturen beschäftigen. Auf der methodischen Ebene werden unter Historischer Semantik verschiedene Forschungen verstanden, die sich den »Veränderungen sowohl im regelhaften Gebrauch sprachlicher (und anderer) Zeichen als auch in der Beziehung dieser Zeichen zu kognitiven Korrelaten (Begriffen) als auch in der Referenz dieser Zeichen auf außersprachliche Sachverhalte« (Steinmetz 2008: 183) widmen. Die Begriffsgeschichte ist dann Teil dieser umfassenderen Historischen Semantik, die unscharfe Grenzen zu benachbarten Methoden wie der Diskursgeschichte, Metapherngeschichte, Problemgeschichte etc. aufweist, wobei die Wahl der Methoden nicht zuletzt vom Erkenntnisinteresse abhängt. Wer Begriffsgeschichte praktisch betreibt, wird sie mit anderen Methoden verbinden. Es ist aber auch versucht worden, die Differenz zwischen Historischer Semantik und Begriffsgeschichte eher auf der Gegenstandsebene zu verorten (vgl. Kollmeier 2012). Danach hätte es die Begriffsgeschichte mit den verdichteten, konstanten Bedeutungselementen zu tun. Das Forschungsinteresse der Begriffsgeschichte besteht dann darin, zu untersuchen, wie sich kognitive Sedimentierungen (Begriffe) bilden und längerfristig niederschlagen. Die Begriffsgeschichte konzentriert sich also auf die Knotenpunkte im historischen Bedeutungswandel einzelner Wörter. Doch ist eine solche Unterscheidung von Historischer Semantik und Begriffsgeschichte cum grano salis zu nehmen. Denn auch die Begriffsgeschichte, will sie sich von der Ideengeschichte unterscheiden, schließt mikrologische Untersuchungen ein, auch sie interessiert sich wesentlich für die Vielfalt des politischen und sozialen Sprachgebrauchs und die mit der Zirkulation der Begriffe verbundenen Bedeutungsveränderungen.

Lange galt die Begriffsgeschichte als eine sehr deutsche Angelegenheit, sie wird insbesondere mit Reinhart Koselleck und den *Geschichtlichen Grundbegriffen* verbunden, weniger mit dem *Historischen Wörterbuch der Philosophie*. Seit dem Ende des 20. Jahrhunderts werden jedoch die Praktiken der Begriffsgeschichte und ihr Name in viele Sprachen übertragen. Sieht man sich die englisch-, französisch- und spanischsprachigen Wikipedia-Einträge an, findet man Übersetzungen des deutschen Begriffs:

›conceptual history‹ (auch ›history of concepts‹), ›histoire des concepts‹ (auch ›histoire conceptuelle‹), ›historia conceptual‹. Da zwischen ›concept‹ und dem von ›begreifen‹ abstammenden deutschen ›Begriff‹ eine semantische Differenz besteht, wird schon hier deutlich, dass Übersetzungen und Übertragungen zwischen Sprachen mit semantischen Abweichungen verbunden sind.

Wir beginnen die Einführung im *ersten* Kapitel mit einem kurzen Abriss einer die Disziplinen übergreifenden Geschichte der Begriffsgeschichte, die bis zum Ende der genannten großen Wörterbücher, den *Geschichtlichen Grundbegriffen* und dem *Historischen Wörterbuch der Philosophie*, reicht. Das *zweite* Kapitel möchte die Möglichkeiten, aber auch die Untiefen begriffsgeschichtlicher Forschungen zeigen; kritisch betriebene Begriffsgeschichte ist eine genuine Methode historischer Grundlagenforschung, mit der Erkenntnisse gewonnen werden können, die anders nicht zu erlangen sind. Daran anknüpfend zeigt das *dritte* Kapitel die unterschiedliche Sicht auf die Begriffsgeschichte in verschiedenen Wissenschaftsdisziplinen und daraus entstehende blinde Flecken. Weil Begriffe selbst weder disziplinäre Grenzen noch Grenzen zum politischen und zum Alltagsdiskurs kennen, plädieren die Verfasser für Verfahren einer interdisziplinären Begriffsgeschichte. Das *vierte* Kapitel wendet sich den schwer definierbaren Termini wie Wort, Begriff, Bedeutung zu, mit denen die Begriffshistoriker methodisch hantieren. Dabei stellt sich die Frage, wie viel Theorie die begriffsgeschichtliche Praxis benötigt. Die Methodenfragen werden in den folgenden Kapiteln nach verschiedenen Seiten und mit einem Fokus auf die Frage der Historizität der Begriffe vertieft. Im *fünften* Kapitel geht es zunächst um die lange kontrovers diskutierte Frage, ob es sinnvoll ist, die Begriffsgeschichte von der Sach- oder Sozialgeschichte zu unterscheiden. Ausgehend von Reinhart Kosellecks Ansätzen zu einer Theorie der historischen Zeit wird im *sechsten* Kapitel gefragt, ob Begriffe eine Geschichte haben können und welche Zeitschichten Begriffe haben. Weiter verfolgt wird diese Frage im *siebten* Kapitel mit der vielleicht berühmtesten Metapher der Begriffsgeschichte, der ›Sattelzeit‹, und allgemeiner mit den Phänomenen semantischer Umbrüche. Im *achten* Kapitel geht es um das Verhältnis der Begriffsgeschichte zu benachbarten, von ihr kaum scharf zu unterscheidenden Methoden wie Diskurstheorie, Metaphorologie oder Problemgeschichte. Das *neunte* Kapitel schließlich behandelt praktische Fragen der Begriffsgeschichte. Es reicht von der Frage, wessen Geschichte die Begriffsgeschichte eigentlich erzählt, über Rechercheformen und den Sinn und Unsinn von Korpora verschiedener Medien bis hin zu interpretatorischen Fragestellungen und den narrativen Formen der Darstellung; dabei soll der Blick immer zugleich auch auf Fallstricke der Begriffsgeschichte gerichtet werden. Im *zehnten*, wichtige Ergebnisse resümierenden Kapitel werden Desiderate der Begriffsgeschichte und ihre Zukunftsperspektiven umrissen. Die Einführung schließt mit einem zum Teil kommentierten Literaturverzeichnis sowie einem Personen- und Sachregister. Im Sachregister sind die Angaben derjenigen Seiten hervorgehoben, auf denen sich Bestimmungen oder wichtige Erläuterungen zum jeweiligen, im Text kursivierten Stichwort finden lassen.

Die Verfasser haben 2016 eine umfangreichere, historisch und disziplinär orientierte Darstellung unter dem Titel *Begriffsgeschichte und historische Semantik. Ein kritisches Kompendium* publiziert. Die vorliegende Einführung knüpft daran an, ist aber keine Kurzfassung dieses Buches, sondern ein ergänzendes Pendant, das zwar auch einen historischen, synthetischeren Abriss liefert, zugleich aber die im *Kompendium* eher ausgesparten begrifflichen Klärungsversuche und die Diskussion praktischer Probleme der Begriffsgeschichte unternimmt. Die Arbeit ist am Leibniz-Zentrum für Literatur- und Kulturforschung und in Zusammenarbeit mit der vom spanischen Wissenschaftsministerium geförderten Forschergruppe Historia conceptual y crítica de la modernidad entstanden. Bedanken möchten sich die beiden Verfasser bei den freundlichen Kolleginnen der ZfL-Bibliothek, bei Constantin Sinn, der die Bibliografie bearbeitet und Korrekturen vorgenommen hat, sowie bei Jakob Ertz für die Bildbearbeitung. Unser herzlicher Dank geht an Gwendolin Engels, die den Text sorgfältig lektoriert und uns auf Schwachstellen aufmerksam gemacht hat.

1. Kurzer Abriss der Geschichte

Der Rationalismus des 18. Jahrhunderts und auch Immanuel Kant dachten die Begriffe und Ideen noch zeitlos. Ihnen kam es darauf an, den einen und wahren Sinn der Begriffe zu bestimmen. Und wie Leopold von Ranke im 19. Jahrhundert sahen auch noch viele Historiker nach ihm durch die Epochen hindurch vor allem »unwandelbare ewige Hauptideen« am Werk (Stollberg-Rilinger 2010: 11). Doch die beschleunigte Dynamik der bürgerlichen Gesellschaft, die Auflösung aller tradierten Verhältnisse, wie Karl Marx sagt, ist zugleich von der Einsicht in die Historizität auch ihrer eigenen begrifflichen Bedingungen begleitet worden. Dabei ist eine Historisierung der Begriffe nicht ohne Paradoxien zu haben. Denn schon die Rede von der ›Beschleunigung‹ oder ›Dynamik‹ der bürgerlichen Gesellschaft würde auf eine bloße Verdoppelung hinauslaufen, wenn wir annähmen, die Ausdrücke bezeichneten tatsächlich nur die ›reale‹ Beschleunigung und Dynamik der bürgerlichen Gesellschaft. Dynamik und Beschleunigung sind Begriffe, die, durch die moderne mechanische Physik geprägt, auf andere Phänomene übertragen wurden, zunächst also Metaphern waren. Unser begrifflicher Zugriff auf die Welt, der doch eigentlich ihrem Begreifen und Beherrschen dienen sollte, ist perspektivisch und radikal historisch, ohne verlässliche Konstanten. Vor der vermeintlichen Gefahr eines damit verbundenen Relativismus sind begriffshistorisch Arbeitende methodisch immer wieder zurückgeschreckt. Der Historiker Otto

Gerhard Oexle hat deswegen die Begriffsgeschichte zutreffend als bloß »halbierte« Methodik bezeichnet, weil sie zwar als Instrument der Kritik eingesetzt, aber lange Zeit auch stillgestellt worden sei, um die historische Bedingtheit und Relativität der eigenen Position zu kaschieren und Begriffe durchzusetzen (Oexle 2009: 385). Auf jeden Fall kann die Begriffsgeschichte nicht als eine zeitlose, sich einem Ideal annähernde technische Methode angesehen werden. Ihre Methoden sind selbst historisch zu verorten. Nicht zufällig entwerfen die großen Theorien der Begriffsgeschichte zugleich Theorien der Moderne.

Die Entstehung der Begriffsgeschichte als Methode lässt sich nur unter Einbeziehung der Protagonisten erzählen, die vornehmlich seit dem 19. Jahrhundert das historische Denken vorangetrieben haben, auch wenn sie selbst keine Begriffsgeschichte betrieben haben: Hegel, aber auch Nietzsche und Marx, die Vertreter des Historismus (wie die Ideengeschichte Friedrich Meineckes), Max Weber u.a. Umgekehrt hat die Begriffsgeschichte das historische Denken befördert und seine Konsequenzen sichtbar gemacht. Tatsächlich findet sich das Wort Begriffsgeschichte erstmals in einer von Hegels Schüler Eduard Gans herausgegebenen Vorlesungsnachschrift. Doch hier zeigt sich zugleich, dass Erstbelege eines Wortes ihre Tücken haben können. Auch wenn sich spätere Protagonisten der Begriffsgeschichte auf Hegel beriefen, hat das, was er und seine Schüler unter ›Begriffsgeschichte‹ verstanden, mit dem späteren Verständnis wenig zu tun. Hegel fasst Begriffe und Ideen in ihrer Einheit von Subjekt und Objekt, er löst die Spannung zwischen historischer Semantik und Geschichte auf. Hegels ›Arbeit am Begriff‹ ist letztlich eine – an sprachlicher Kontingenz kaum interessierte – Fortschritts- und Bildungsgeschichte.

Der philosophischen Begriffsgeschichte im engeren Sinne haben im 19. Jahrhundert eher Gegner der spekulativen Dialektik

Hegels zugearbeitet. Dazu zählen philologisch arbeitende und von der historischen Philologie beeinflusste Philosophiehistoriker wie Friedrich Trendelenburg oder Gustav Teichmüller. Bei ihnen lassen sich auch begriffspolitische Ansprüche ausmachen. Denn eigentlich zielt ihre Arbeit normativ darauf, die begrifflichen Grundlagen der griechischen, insbesondere aristotelischen Philosophie freizulegen, die durch die neuzeitliche Philosophie verschüttet worden seien. Begriffen wird eine organische Entwicklung unterstellt, um diese Kontinuität als Indiz ihrer zeitlosen Geltung aufzuweisen. Diese Begriffsgeschichte dient einer historischen Synthese in einer zersplitterten Welt.

Rechts- und Verfassungsgeschichte sind seit dem 19. Jahrhundert Disziplinen, die die Begriffsgeschichte als historische Hilfswissenschaft nutzen. Mit dem Durchbruch des historischen Denkens bekommen solche Begriffe eine besondere Dignität, die eine lange Geschichte vorweisen können. Da die Begriffsgeschichte das Gewordensein und die Vergänglichkeit der Gegenwart deutlich macht und dabei gegenwärtige Geltungsansprüche relativiert und Vergangenheits- und Ursprungssehnsüchte bedient, sind es meist nicht die Fortschrittstheorien, die ihre Geschichten als Begriffsgeschichten erzählen.

1870 plant Rudolf Eucken, ein Schüler Trendelenburgs, erstmals ein begriffsgeschichtliches Lexikon. Bei ihm wird die Gegenwart zum Ausgangspunkt, er will die Grundbegriffe seiner Zeit historisch darstellen. Der spätere Literaturnobelpreisträger hat gleich in mehreren Schriften die Historizität der philosophischen Terminologie und Begriffe untersucht und dabei recht präzise methodologische Überlegungen angestellt. Die Philosophie ist zu jener Zeit noch nicht zur Fachwissenschaft ausdifferenziert. In seiner *Geschichte der philosophischen Terminologie* nennt Eucken als Motiv für die Begriffsgeschichtsforschung eine in der Gegenwart empfundene Krise und die dadurch notwendig gewordene Kritik solcher philosophischer Begriffe, die eine »Macht im Gesammtleben« (Eucken 1893: VI) gewonnen haben. Das begriffsgeschichtliche Interesse setzt mit einem kulturkritischen Befund ein. Eucken konstatiert eine Sprachverwirrung und Verflachung der Begriffe, vor allem durch die Naturwissenschaften, die zunehmend Einfluss auf die Gegenwartssprache genommen und philosophische Begriffe (z.B. Immanenz, Monismus, Entwicklung, Fortschritt) naturalistisch entleert hätten. In seiner 1872 publizierten *Aufforderung zur Begründung eines Lexicons der philosophischen Terminologie* prophezeit Eucken, dass die Philosophie ihre alte Macht erst wiedergewinnen werde, wenn sie die Probleme geschichtlich in eine Kontinuität bringe. Eucken zielt noch auf übergreifende Querschnittsprobleme sowie epochale Übergänge; die geplante arbiträre alphabetisch-lexikalische Form ist aber auch Zeichen eines geschwundenen systematischen Zusammenhangs des Wissens.

Interessanterweise entwickeln sich die Anfänge der Begriffsgeschichte vielfach parallel zu denen der Geschichte von Bildern und Metaphern. Eucken veröffentlicht 1880 ein Bändchen mit dem Titel *Ueber Bilder und Gleichnisse in der Philosophie*. Viele Vertreter der psychologischen Sprachwissenschaft hatten zur Erklärung neuer Bedeutungsentwicklungen eine dynamisierte und historisierende Tropenlehre genutzt. Nietzsches berühmtes und wirkungsvolles Diktum: »Was ist also Wahrheit? Ein bewegliches Heer von Metaphern, Metonymien, Anthropomorphismen« (Nietzsche 1872/1988: 879) ist aus Sicht der Sprachwissenschaften dieser Zeit weniger sensationell, als es heute zu sein scheint.

Der Historismus war nur die eine allgemeine Voraussetzung für die Entstehung der Begriffsgeschichte. Die andere ist die zunehmende Einsicht in die Bedeutung, die der Sprache für das Verständnis und die Reproduktion politischer und gesellschaftlich-kultureller Verhältnisse zukommt. Auf Wilhelm von Humboldt geht die Idee der weltkonstituierenden Leistung der Sprache sowie die Unterscheidung von Energeia (Tätigkeit) und Ergon (Werk) zurück. Die Begriffsgeschichte entsteht parallel zur und als Teil der Hermeneutik, also der Lehre vom Verstehen sprachlicher Äußerungen, und nicht zufällig in den wissenschaftlichen Disziplinen, die es mit zu übersetzenden Quellen vergangener Epochen wie des Altertums oder des Mittelalters zu tun haben. Es sind in Deutschland der klassische Philologe Karl Christian Reisig und in Frankreich der vergleichende Sprachforscher und Orientalist Michel Bréal, die die Semantik als Teil einer Sprachwissenschaft entwickeln, deren historische Ausrichtung zwischen etwa 1880 und 1910 eine Blütezeit erlebte.

Einen enormen Aufschwung nimmt das Interesse für die Historizität und Politizität der Begriffe zwischen den beiden Weltkriegen des 20. Jahrhunderts. Die Krisen und Revolutionen, die Entstehung massendemokratischer Verhältnisse mit eskalierenden politisch-semantischen Kämpfen bilden dabei ebenso den Hintergrund wie die epistemischen Krisen des Historismus und des Wirklichkeitsbegriffs verschiedener Naturwissenschaften. Bereits um 1900 hatte der Sprachwissenschaftler Karl Otto Erdmann in *Die Bedeutung des Wortes* die Nebenbedeutung von Wörtern und Begriffen von der Hauptbedeutung unterschieden und vor allem deren *Gefühlswert* für die politische Sprache herausgestellt. Diese Unterscheidung spielt dann mit wechselnder Terminologie (z.B. Denotation und Konnotation) in verschiedenen Theorien eine Rolle. Zur gleichen Zeit hatte Otto Ladendorf in seinem *Historischen Schlagwörterbuch. Ein Versuch* (1906) die Funktion politischer Schlagworte herausgestellt. An den Gefühlswert von Begriffen und die Schlagwortforschung knüpfte dann der politisch rechtslastige Historiker Wilhelm Bauer mit *Die öffentliche Meinung in der Weltgeschichte* (1930) an.

Ebenfalls gegen den liberalen, eher auf Kontinuität setzenden Ideenbegriff betonte der Staatsrechtler und später zu Recht als ›Kronjurist des Dritten Reiches‹ bezeichnete Carl Schmitt den situativen und politisch-voluntaristischen Charakter von Begriffen. Bei ihm ist Begriffsgeschichte immer auch Begriffspolitik, und die politische Begriffsverwendung legitimiert sich unter Rekurs auf die Geschichte der Begriffe. Auch seine These, dass politische Begriffe säkularisierte theologische Begriffe seien, ließ die Erforschung der Geschichte von Begriffen zu einem weltanschaulich ›heißen‹ Thema werden. Erklärtermaßen gegen Schmitt hat Karl Mannheim, den Marx'schen Ideologiebegriff verallgemeinernd, die Geistesgeschichte konsequent an eine Geschichte sozialer Gruppen gekoppelt. Seine Wissenssoziologie und ›historische Bedeutungsanalyse‹ zeigt, wie stark der Perspektivismus der Begriffe mit der Entstehung der modernen Massendemokratie und der Entmächtigung bildungsbürgerlicher Schichten zusammenhängt. Bei ihm ist die Bedeutungsgeschichte nicht mehr normativ. Damit erweist sich in den Sozial- und Geisteswissenschaften das Verhältnis von Genese (Entstehungsgründe) und Geltung (Wahrheitswert) als problematisch.

Otto Gerhard Oexle hat zwischen der von ihm favorisierten neukantianischen Problemgeschichte, der er auch Max Weber und Mannheim zurechnete, und der politisch fragwürdigen Linie Nietzsche–Heidegger–Schmitt den »Paradigmenkampf« in der Geschichte der Begriffsgeschichtsforschung gesehen (Oexle 209: 386). In der Philosophie arbeitete insbesondere die neukantianische Problemgeschichte (siehe Kap. 8) dem begriffsgeschichtlichen Ansatz zu. Doch wie beispielsweise bei Nicolai Hartmann, der in Problemlösungen den Fortschritt innerhalb der Geschichte zeigen will, sehen diese Theorien oft von der sprachlichen Form der Begriffe ab. Das gilt noch für Ernst Cassirer, der die Begriffsgeschichte sehr befördert und die kulturelle Funktion der

Historischen Semantik deutlich betont hat: »Die Regeln der Semantik, nicht die Naturgesetze, liefern die allgemeinen Grundsätze für das historische Denken.« (Cassirer 1944: 297)

Ende der 1920er Jahre entwickelte Erich Rothacker die Idee eines groß angelegten begriffsgeschichtlichen Wörterbuchs der Kulturphilosophie. Dieses nie realisierte Projekt richtete sich aus geistesgeschichtlicher Perspektive gegen das zwischen 1899 und 1930 in vier Auflagen erschienene zeitgenössische Standardlexikon von Rudolf Eisler (*Wörterbuch der philosophischen Begriffe. Historisch-quellenmäßig bearbeitet*). Die Idee, Eislers kritizistisches, eigentlich an der psychologischen Grundlegung der Erkenntnis interessiertes Wörterbuch durch ein dezidiert historisches Lexikon zu ersetzen, war lange auch der Impetus des *Historischen Wörterbuchs der Philosophie*.

Die Zeit um 1930 war für die Begriffsgeschichtsforschung besonders innovativ, auch wenn viele Ansätze erst viel später zum Tragen kamen. Überschneidungen mit der Begriffsgeschichte gibt es in den entstehenden Kulturwissenschaften. Sigmund Freud, Aby Warburg, Edgar Wind, Siegfried Kracauer lassen sich mit der Begriffsgeschichte in Verbindung bringen und wurden es auch. Die Sprachwissenschaft lenkte nun zwar (initiiert vor allem durch Ferdinand de Saussure) den Blick auf synchrone Struktur- und Ganzheitszusammenhänge, dennoch hat sie paradoxerweise der diachron, also historisch arbeitenden Begriffsgeschichte zunächst zum Aufschwung verholfen. Psychologische und individualistische Ansätze kamen in die Kritik. Und die Sprache wird wesentlich als Differenz zwischen Wörtern und nicht – wie in der klassischen Zeichentheorie – als Differenz zwischen Wörtern und Dingen gefasst. Weil Bedeutung durch die Relationen der Wörter untereinander entsteht, stehen nun, etwa bei Jost Trier, auch nicht mehr die diachron verfolgbaren Einzelwörter, sondern umfassende strukturierte Wortfelder im Fokus historischer Sprach- und Begriffsforschung (siehe Kap. 4).

Internationale Entwicklungen jener Zeit weisen eine methodische Verwandtschaft mit der Begriffsgeschichte auf. In Frankreich gehören dazu die historischen Untersuchungen im Umkreis der Zeitschrift *Annales* (Marc Bloch, Lucien Febvre, Georges Duby u.a.) zur *longue durée*, der – vor allem am Mittelalter untersuchten – langen Dauer von Mentalitäten (siehe Kap. 4). In den USA entwickelt der deutsch-amerikanische Philosoph Arthur O. Lovejoy in *The Great Chain of Being. A Study of the History of an Idea* (1936, dt. 1985) ein Konzept der ›unit-ideas‹ (Elementarideen) und schreibt eine Geschichte vorgeblich konstanter Bedeutungskomplexe. Das von ihm seit 1940 in den USA herausgegebene *Journal of the History of Ideas* ist mit mehrfach veränderter methodischer Ausrichtung bis heute ein wichtiges Periodikum; es wurde auch von deutschen Exilanten mitgetragen.

Neben diesen eher ideengeschichtlichen Ansätzen entstehen ebenfalls in den 1930er Jahren in der Wissenschaftsgeschichte Theorien, die auch die materiale Seite der Begriffsentwicklung betrachten. Im Zuge der Kritik des von Philosophen vertretenen szientifischen Positivismus kam mit der Infragestellung der Grenze zwischen Natur und Kultur auch die grundlegende Historizität wissenschaftlicher Begriffe in den Blick. Dazu zählt die Entdeckung der Rolle von Denkstilen und Denkkollektiven auch bei der Entstehung naturwissenschaftlicher Fakten durch den polnischen Bakteriologen Ludwik Fleck und die historische Epistemologie in Frankreich (Gaston Bachelard, später fortgesetzt von Georges Canguilhem). Fleck und die Begründer der historischen Epistemologie kommen darin überein, das Wissen in seiner sozialen, religiösen, politischen und moralischen Bedeutung, als Kulturphänomen und nicht als logisch kohärentes Gefüge von

Sätzen zu untersuchen. Der Akzent liegt auf der Geschichte und dem Irrtum, nicht auf zeitlosen Wahrheiten.

In Deutschland bricht die äußerst dynamische Entwicklung 1933 weitgehend ab. Die Vertreibung kritischer und jüdischer Intellektueller bedeutete für die Historische Semantik und Begriffsgeschichte einen starken Bruch und Rückschlag. Richard Koebner, Karl Mannheim, aus dem Umkreis der Kulturwissenschaftlichen Bibliothek Warburg Edgar Wind oder Erwin Panofsky, Romanisten wie Leo Spitzer, Erich Auerbach, Vertreter der Frankfurter Schule verbreiteten den Ansatz dadurch aber auch international. Von Leipzig in das estnische Tartu vertrieben, wo er später von den Nazis ermordet wurde, übertrug der Religionswissenschaftler Lazar Gulkowitsch die Begriffsgeschichte auf die jüdische Kultur und Geistesgeschichte. Der Mittelalterhistoriker Richard Koebner emigrierte nach Israel und baute an der Universität in Jerusalem die Geschichtswissenschaften auf. Anfang der 1950er Jahre arbeitete er seinen *Semantic Approach to History* aus (Koebner 1953/1990). Vieles, was sich später bei Koselleck findet, gibt es schon bei ihm: Seine Theorie des historischen Bewusstseins fragt danach, wie eine Gegenwart die Geschichte in eine Form bringt. Und schon Koebner konstatiert einen Umbruch des gesamten politischen Vokabulars seit 1750 (siehe Kap. 6). Diese Ansätze wurden erst sehr verspätet von der Begriffsgeschichtsforschung wiederentdeckt.

Die während des Nationalsozialismus in Deutschland fortgeführte Begriffsgeschichte hatte eine ambivalente Ausrichtung, die bei Carl Schmitt oder dem Mittelalterhistoriker Otto Brunner deutlich wird. Brunner thematisierte die Spannung zwischen quellensprachlicher Begriffsbildung und der unentbehrlichen Verwendung analytischer Begriffe in den Rechts- und Sozialwissenschaften – ein Problem, dem schon Max Weber durch die historische Komposition von Idealtypen zu begegnen gesucht hatte. Brunner zeigte einerseits zutreffend, wie die Rückspiegelung liberaler Rechtskategorien des 19. Jahrhunderts das Verständnis mittelalterlicher Gesellschaften verbaut, verband diese Einsicht aber zugleich mit der Interpretation, dass die alten und ›eigentlichen‹ Grundbegriffe in der NS-Gesellschaft wieder Geltung erlangten. Der scheinbar deskriptive Zusammenhang zwischen Mittelalterforschung und Rechts- und Verfassungstheorie war damit auch begriffspolitisch motiviert. Kosellecks These der *Sattelzeit*, der zufolge zwischen Früher Neuzeit und einer bis in die Gegenwart reichenden Moderne eine semantische Kluft entstanden sei, die die Begriffsgeschichte aufzuklären habe, ist von Brunner mitbeeinflusst. Während es der philosophischen Begriffsgeschichte eher um Kontinuitäten ging, setzt die Begriffsgeschichte in der deutschen Geschichtswissenschaft mit der Untersuchung von Brüchen ein – ein Unterschied, der die beiden disziplinären Ansätze lange prägte.

Die Nachkriegsentwicklung knüpft an diese Linie an, sie zehrt mitunter von verschwiegenen Quellen. Nach 1945 bildete die Begriffsgeschichte zunächst einen Rückzugsort deutscher, nicht selten NS-belasteter Geisteswissenschaften (vgl. Kranz 2011). Im Unterschied zur kritisch-politischen Aufarbeitung der jüngsten, nazistischen Sprachentwicklung, wie sie Victor Klemperer in seiner *LTI* (*Lingua Tertii Imperii*) oder Dolf Sternberger im *Wörterbuch des Unmenschen* leisteten, entwarfen Vertreter der damaligen Begriffsgeschichte teils bis in die Antike zurückreichende, sich der jüngsten Vergangenheit nicht stellende Langzeitgeschichten. Zentren bildeten Brunner, Rothacker, Hans-Georg Gadamer, Leo Weisgerber sowie Joachim Ritter – und, als Hintergrundfigur, Carl Schmitt. Ihnen galt gerade der vermeintlich aus dem Historismus stammende Relativismus als politisch verhängnisvoll – nicht erkennend, dass verhängnisvoll vielmehr die der Historisierung entzogenen partikularen, nämlich rassistischen, kulturanthropologischen oder nationalistischen Verdinglichungen waren.

Um 1960 erlebt die Begriffsgeschichte ihren eigentlichen, auch institutionellen Durchbruch. Dazu gehört Hans-Georg Gadamers *Wahrheit und Methode. Grundzüge einer philosophischen Hermeneutik.* Gadamer band die Begriffsgeschichte in die Hermeneutik ein. Der Begriff sei das wahre Sein, und umgekehrt gelte: »Sein, das verstanden werden kann, ist Sprache.« (Gadamer 1960/1986: 478) Für Gadamer war die Begriffsgeschichte nicht nur eine Methode der Philosophiegeschichte, sondern hatte als Vollzugsform der Philosophie eine systematische Funktion. Andere Ansätze waren pragmatischer. Seit 1955 gab Erich Rothacker das bis heute erscheinende *Archiv für Begriffsgeschichte* heraus, das zunächst Bausteine für das von ihm geplante kulturphilosophische Wörterbuch liefern sollte. Darin erschienen auch Hans Blumenbergs *Paradigmen zu einer Metaphorologie* (1960). Das Verhältnis der Metaphorologie zur Begriffsgeschichte bestimmte Blumenberg hier noch als eines der ›Dienstbarkeit‹. Um 1960 entstehen aber auch eine Reihe von geistesgeschichtlichen historischen Arbeiten, die, zum Teil als Reimport aus Amerika, die Begriffsgeschichte methodisch berühren: Hannah Arendts historische Untersuchung der Begriffe Arbeiten, Herstellen, Handeln in *Vita activa* (1958, dt. 1960), Jürgen Habermas' *Strukturwandel der Öffentlichkeit* (1962), Theodor W. Adornos Vorlesungen zur *Philosophischen Terminologie* (gehalten 1960) oder Thomas S. Kuhns auf Fleck zurückgreifende *Die Struktur wissenschaftlicher Revolutionen* (1962, dt. 1967). Wie in der ganzen Geschichte der Begriffsgeschichte waren es oft umstrittene Begriffe, die zugleich zu Paradigmen spezifischer Methoden der Begriffsgeschichte wurden. Das gilt für Romantik (bei Carl Schmitt) oder für Ideologie (Karl Mannheim), Öffentlichkeit/öffentliche Meinung (Wilhelm Bauer, Habermas, Lucian Hölscher), Säkularisierung (bei Hans Blumenberg, Hermann Lübbe), Kultur (bei Raymond Williams) oder für Syphilis (Ludwik Fleck) bzw. Regulation (Georges Canguilhem).

Vor allem aber entstehen um 1960 die Konzepte für die großen begriffsgeschichtlichen Lexika, die die ›German Begriffsgeschichte‹ überhaupt erst zu einem Markenzeichen werden ließen: das *Historische Wörterbuch der Philosophie* und die *Geschichtlichen Grundbegriffe*. Joachim Ritter bestimmte die Funktion des *Wörterbuchs* wesentlich innerphilosophisch, die gesellschaftliche Funktion und die Kontexte der Begriffe wurden in den Artikeln meist ebenso ausgeblendet wie die Frage nach der Reichweite der Begriffe. Das *Wörterbuch* konzentrierte sich auf Begriffsverwendungen einzelner Denker, qualitative Befunde und terminologische Verschiebungen. In der Einleitung situiert Ritter das *Wörterbuch* in einer »perennierenden Philosophie«, die sich im »Wandel ihrer geschichtlichen Positionen und in der Entgegensetzung der Richtungen und Schulen« fortschreitend entfalte (Ritter 1971: VII). Die ›eine perennierende Philosophie‹ erscheint als Antwort auf die Gefahr des Relativismus. Nicht die Geschichte soll vor das Forum der Philosophie, sondern umgekehrt, wie Ritter mit Gadamer sagt, sollen »die Sprach- und Denkgewohnheiten vor das Forum der geschichtlichen Tradition« (ebd.: VII) gestellt werden. Das ist mehr als der empirische Befund, dass viele philosophische Termini eine lange Geschichte haben. Zwar hat Ritter selbst die Begriffsgeschichte auch mit einer Theorie der Moderne und den Begriffen der Entzweiung und Kompensation verbunden, doch ist sie als Methode weit weniger historisch entfaltet und von übergreifenden Hypothesen geleitet als bei Koselleck. Der Ansatz Ritters und seiner Schüler ist pragmatisch, aber auch teils nur technisch anmutende Bestimmungen (Entscheidungen wie die Auslassung der Metaphern oder die disziplinäre Gliederung der Artikel) sind folgenreich. Der Verlauf der Arbeit am *Wörterbuch* zeigt eine zunehmende Tendenz zu akribischer Detailbeforschung von Begriffen. Zwischen 1971 und 2007 erschienen zwölf Textbände und ein Registerband. Mehr als 1500 Autorinnen und Autoren erarbeiteten 3650 Artikel – ein wahres Großunternehmen. Letztlich wurde das Lexikon wohl zum beständigsten und wirkungsvollsten Werk nicht nur der deutschen, sondern auch der internationalen, nicht nur der historischen, sondern auch der systematischen Philosophie. Das von Ritter und seiner Schule herausgegebene *Wörterbuch*, dessen letzter Band fast ein halbes Jahrhundert nach dem ersten erschien, wurde zum Vorbild für eine Reihe von disziplinären und terminologiegeschichtlichen Lexika. Dazu zählen etwa das von Gert Ueding herausgegebene zwölfbändige *Historische Wörterbuch der Rhetorik* und Georg Toepfers *Historisches Wörterbuch der Biologie. Geschichte und Theorie der biologischen Grundbegriffe*. Die noch in der DDR konzipierten und dann im vereinigten Deutschland realisierten *Ästhetischen Grundbegriffe. Historisches Wörterbuch in sieben Bänden* verstanden sich dagegen keinesfalls als ›Ritter der Ästhetik‹, sondern nahmen aus einer (postmodernen) Gegenwartsposition heraus die Kategorien der in der Sattelzeit entstandenen Ästhetik in den Blick (Barck/Fontius/Schlenstedt/Steinwachs/Wolfzettel 2000–2005). Vornehmlich auch jüngere Mitarbeiter und Mitarbeiterinnen des sogenannten Ritterwörterbuches (Gunter Scholtz, Petra Gehring, Ralf Konersmann, Kurt Röttgers u.a.) haben sich eine eigene, mitunter prägnantere Sicht erarbeitet und sie mit Fragestellungen der historiografischen Begriffsgeschichte verbunden.

In der Geschichtswissenschaft entstand die Begriffsgeschichte zunächst im Zusammenhang der Konkurrenz der Geschichtswissenschaft mit den systematischen, vor allem strukturgeschichtlich argumentierenden Sozialwissenschaften. Sie richtete sich sowohl gegen die politische Ereignisgeschichte wie gegen die herrschende Ideengeschichte (Friedrich Meinecke). Im »Arbeitskreis Sozialgeschichte« entstand die von Otto Brunner, Werner Conze und Reinhart Koselleck entwickelte Idee zu einem *Historischen Lexikon zur politisch-sozialen Sprache in Deutschland*, wie der Untertitel der *Geschichtlichen Grundbegriffe* dann lautete. Letztlich umfasste das achtbändige Lexikon 122 Artikel, in denen insgesamt 212 Stichworte bearbeitet wurden. Konzeptionell gingen die Herausgeber davon aus, dass sich der Wandel der sozialen Wirklichkeit semantisch in besonders bedeutungsvollen Begriffen der politisch-sozialen Sprache, den *Grundbegriffen*, niederschlägt. Die *Geschichtlichen Grundbegriffe* konzentrieren ihre Untersuchung auf die *Sattelzeit*, es geht ihnen um die Beschreibung der Transformation von der Semantik Alteuropas zur modernen Welt, also, wie Koselleck später sagt, um die begriffsgeschichtliche Aufklärung der »Wende zu unserer Neuzeit« (Koselleck: 1972: VIII). Mit der Auflösung der ständischen Gesellschaft verändert sich auch die politisch-soziale Sprache. *Kollektivsingulare*, d.h. Allgemeinbegriffe, die erst in dieser Zeit aus pluralischen Begriffen entstanden sind (wie der Fortschritt aus den Fortschritten oder die Geschichte aus Geschichten) und selbst geradezu wie agierende Subjekte erscheinen, bildeten den Schwerpunkt des Interesses. Die den Untersuchungsgegenstand des *Wörterbuchs* bestimmende Hypothese lautete, dass die zwischen 1750 und 1850 entstandenen Grundbegriffe Bedeutungen angenommen haben, die uns auch heute noch grundsätzlich verständlich sind. Bei Koselleck, der die Theoriebedürftigkeit der Geschichtswissenschaften betonte, ist die Begriffsgeschichte in eine »Theorie der historischen Zeiten« eingebunden, d.h. in geschichtsphilosophische und anthropologische Überlegungen. Die *Geschichtlichen Grundbegriffe*, deren Impetus zunächst durchaus modernekritisch war, werden heute als affirmative Darstellung der Genese der modernen Welt wahrgenommen, ebenso wie

Joachim Ritters Werk zum liberal-konservativen Gründungsmythos der Bundesrepublik verklärt werden kann.

Das Erscheinen der *Geschichtlichen Grundbegriffe* über einen Zeitraum von 25 Jahren hinweg wurde begleitet durch viele monografisch-begriffsgeschichtliche sowie neue methodische Arbeiten zur Theorie der geschichtlichen Zeiten. Der von Koselleck herausgegebene Sammelband *Historische Semantik und Begriffsgeschichte* (Koselleck 1979a) bündelte weiterführende Ansätze. Dazu gehörte der von Hans Ulrich Gumbrecht, der an die Lebensweltheorien phänomenologischer Wissenssoziologie und die Theorie der Konstruktion gesellschaftlicher Wirklichkeit anknüpfte. Praktisch stand dieser Ansatz zeitweise in Verbindung mit dem von Rolf Reichardt herausgegebenen *Handbuch politisch-sozialer Grundbegriffe in Frankreich*, das auch als romanistischer Gegenentwurf zu Kosellecks Unternehmen verstanden werden kann. Reichardt kritisierte zudem die Quellenauswahl der *Geschichtlichen Grundbegriffe* entlang einer ideellen ›Höhenkammlinie‹, die keine gesellschaftliche Repräsentativität beanspruchen könne. Er forderte im Zuge seiner eigenen Arbeiten zur französischen Revolutionsgeschichte die Einbeziehung nicht nur von Textquellen, die bis zur Alltagssprache vordringen, sondern auch bildlicher Quellen.

Wie die Begriffsgeschichte ließ sich international in den 1960er Jahren auch die Ideengeschichte, wie sie sich im Umkreis des *Journal of the History of Ideas* herausgebildet hatte, nur rechtfertigen, wenn sie sich auf die Herausforderungen der Sozialgeschichte und Wissenssoziologie einstellte. Eine der Begriffsgeschichte nahestehende, sie aber zunächst stark kritisierende Methode war die vor allem mit den Namen John Pocock (*The Ancient Constitution and the Feudal Law*, 1957) und Quentin Skinner entwickelte Intellectual History (siehe Kap. 8), die die Diskurstheorie Michel Foucaults, die *Sprachpragmatik* (Theorie kontextabhängiger Bedeutungen), Sprechakttheorie (Sprache als Handlung) und Rhetorik (auf Überzeugung zielende Kommunikationen) in ihre Untersuchungen einbezog.

Parallel zu Koselleck und ebenso wie dieser in Bielefeld hat der Soziologe Niklas Luhmann in mehreren Bänden zu *Gesellschaftsstruktur und Semantik. Studien zur Wissenssoziologie der modernen Gesellschaft* (1980 ff.) ein Modell des Übergangs einer stratifikatorisch-hierarchischen zur funktional-differenzierten Gesellschaft entwickelt. Die Semantik wird dabei als eine Form betrachtet, in der das ausdifferenzierte System beobachtet, was in der gesellschaftlichen Autopoiesis produziert wird. Insgesamt ist Luhmanns Semantiktheorie noch stärker als Kosellecks Theorie in eine systematische Soziologie eingebunden.

Hatte sich die Begriffsgeschichte zunächst einen Platz neben den Sozialwissenschaften erstreiten müssen, wird der Koselleck'schen Begriffsgeschichte dreißig Jahre später die Nähe zur mittlerweile in die Kritik geratenen Sozialgeschichte fast zum Verhängnis. Mit einer eher konstruktivistischen Sicht auf gesellschaftliche Phänomene setzte sich generell eine Tendenz durch, die sozial- und sachgeschichtliche Seite gegenüber der sprachpragmatischen und kulturellen Dimension in den Hintergrund zu rücken. So stellt Willibald Steinmetz fest, »dass die vermeintlich stabilen Kollektivsubjekte (Klassen, Gemeinschaften, Institutionen), die bisher in den sozialgeschichtlichen Darstellungen als Subjekte figuriert hatten, im Grunde höchst instabile, ständig sich erneuernde, sprachlich hervorgebrachte Konstrukte waren« (Steinmetz: 2008, 187). Viele auf dem hermeneutischen Paradigma, also auf Erfahrung und Verstehen des Subjekts beruhende Thesen Kosellecks schienen mit Poststrukturalismus und Postmoderne ihre Plausibilität verloren zu haben (Kollektivsingulare, Sattelzeit, Zeitschichten, Grundbegriffe). Wirkungsvoll war Dietrich Busses sprachwissenschaftliche, diskursgeschichtlich und sprachpragmatisch ausgerichtete Kritik an Kosellecks Methode, vor allem am Konzept des Begriffs und Grundbegriffs (Busse 1987). Gumbrecht diagnostiziert eine den Zeithorizont (Vergangenheit – Gegenwart) nivellierende ›breite Gegenwart‹, die er mit Figuren der Präsenz zu beschreiben sucht. Dennoch hat Koselleck bis heute kaum etwas von seiner Faszination verloren.

Beeinflusst von Hans Blumenberg vollzog Ralf Konersmann in seiner Theorie der ›Historischen Semantik‹ eine Wende zur Kulturphilosophie (Konersmann 1994). Beim Abschluss des *Historischen Wörterbuchs der Philosophie* wurde der Vorwurf laut, die Aussparung der Metaphern habe keinesfalls nur pragmatische Gründe gehabt, vielmehr hätte ihre Aufnahme das ganze Unternehmen unterminiert. Während innerhalb der Philosophie das historische Interesse insgesamt eher erlahmte, knüpfen viele Geisteswissenschaften heute vor allem an Hans Blumenbergs Metaphorologie an. Konersmann hat ein vierzig Grundmetaphern enthaltendes *Wörterbuch der philosophischen Metaphern* (2007) herausgegeben, wobei die Frage ist, ob die Metaphorizität nicht eigentlich nahezu jeden philosophischen Begriff beträfe. Die Wissenschaftsgeschichte war ein anderes Feld, auf dem sowohl die Begriffsgeschichte im Koselleck'schen Sinne wie die Metapherngeschichte höchst produktiv waren (Johach 2008; Brandt 2008; vgl. Müller/Schmieder 2018). Nach einer Phase, in der die jüngeren Kulturwissenschaften und die Wissenschaftsgeschichte experimentell agierten, ist inzwischen, unterstützt nicht zuletzt durch die politische Forschungsförderung, eine traditionelle und erkenntnishemmende Redisziplinarisierung zu erkennen.

Seit den 1990er Jahren wurden immer mehr Gemeinsamkeiten zwischen der Intellectual History und der Begriffsgeschichte Kosellecks und seiner Schule gesehen. Kosellecks Werk wird international rezipiert und in viele Sprachen übersetzt. Es gibt internationale Verbünde wie die History of Political and Social

Concepts Group (HPSCG) und die von ihr herausgegebene Zeitschrift *Contributions to the History of Concepts.* Die Begriffsgeschichte hat als ›conceptual history‹ oder ›history of concepts‹ nicht nur fast alle europäischen Länder erreicht; mit Ländern Asiens (vor allem Südkorea) und Südamerikas (Argentinien) und indem sie verstärkt Probleme der Übersetzbarkeit thematisiert, hat sie auch ihre eurozentrische Verengung überwunden (siehe Kap. 10).

Mit den großen lexikalischen Unternehmungen, vielen Monografien und Zeitschriftenaufsätzen liegt insbesondere für den deutschen Sprachraum breites Material an einzelnen Begriffsgeschichten vor. Sieht man jedoch, dass sich die Geschichte der Begriffe mit dem Auftreten neuer gesellschaftlicher Problemlagen und dem Perspektivenwechsel der jeweiligen Gegenwart verschiebt, dann bleibt die Begriffsgeschichte in ihren Gegenständen und methodisch ein offenes Feld. Die gegenwärtig interessantesten Diskussionen betreffen Probleme des Vergleichs in einer globalisierten Welt, Übertragungs- und Übersetzungsprozesse in der Wissensgeschichte, die Fortführung der Begriffsgeschichte in der Zeitgeschichte, die Einbeziehung neuer Gegenstände wie etwa des Gefühls sowie die Chancen, die mit der Digitalisierung verbunden sind (siehe Kap. 10).

2. Wozu Begriffsgeschichte? Zwischen Aufklärung und Mythisierung

Über die Geschichte der Begriffsgeschichte und das, was sie geleistet hat, was sie leisten und welche Funktionen sie in den Wissenschaften einnehmen kann, wurde nach dem Abschluss der großen begriffsgeschichtlichen Unternehmen sehr unterschiedlich geurteilt (vgl. Gumbrecht 2006; Steinmetz 2008). Im Folgenden geht es darum, verschiedene Funktionen und Motive der Begriffsgeschichtsforschung aufzuzeigen. Dabei wird deutlich, dass die Begriffsgeschichte oft in stark normative und ahistorische Denkfiguren zurückzufallen droht.

In ihrer einfachsten Funktion erforscht die Begriffsgeschichte die Semantik eines Begriffs zu einem historischen Zeitpunkt, bei einem bestimmten Autor bzw. einer bestimmten Autorin, in einem konkreten Werk. Begriffsgeschichte ist hier eine elementare Stufe der Hermeneutik. Auf der Ebene dieser Funktion spielt die Diachronie der Begriffe noch gar keine oder kaum eine Rolle; es geht hier zunächst um Begriffe in der Geschichte, und diese Problematik lässt sich ohne Reflexionen darüber angehen, ob die Begriffe selbst eine Geschichte haben. Unerlässlich ist sie insbesondere für historisch Arbeitende – zum Beispiel in den Altertumswissenschaften oder in der Mediävistik –, die geschichtlich weit zurückliegende Quellen interpretieren, um hinter Wörtern sich verbergende, nicht mehr unmittelbar verständliche Begriffe und Sachverhalte zu erfassen. Die Begriffsgeschichte ist entweder am Wort orientiert, weil ein identischer Wortkörper kein Garant für die Stabilität der Wortbedeutung ist: Ein und dasselbe Wort kann zu verschiedenen Zeiten und bei verschiedenen Autorinnen und Autoren jeweils Unterschiedliches bedeuten. Sie kann aber auch fragen, welche Bezeichnungen es für gleiche oder ähnliche Bedeutungen gibt. Sieht man sich die letzten Jahrgänge des *Archivs für Begriffsgeschichte* an, so ist festzustellen, dass sich sehr viele Beiträge auf dieser elementaren Funktionsebene bewegen. Es ist zu vermuten, dass mit dem Bedeutungszuwachs der analytischen Philosophie eine Verstärkung dieses sehr limitierten begriffsgeschichtlichen Interesses einhergeht.

Für die historischen Wissenschaften hat die Begriffsgeschichte eine wichtige *quellenkritische* Funktion. Sie kann eruieren, ob die Begriffe der geschichtswissenschaftlichen Metasprache tatsächlich der Quellensprache entsprechen: Das kann heißen, dass Kategorien, die einer bestimmten Zeit angehören, gerade nicht dazu geeignet wären, diese Zeit auch wissenschaftlich zu verstehen; es kann aber auch heißen, dass die Begriffsgeschichte dazu dient, für die Erfassung einer Zeit idealtypische Begriffe zu konstruieren. Auf dieser Ebene war Otto Brunners Frage in *Land und Herrschaft* wichtig, ob es überhaupt sinnvoll ist, neuzeitliche oder moderne Begriffe wie Staat und Politik oder das Politische auf das europäische Frühmittelalter anzuwenden, wenn die entsprechenden Wörter im historischen Quellenbestand nicht auffindbar sind und sich stattdessen andere Begriffe finden, die anderen Logiken und Einteilungsmustern folgen. Die Begriffsgeschichte kann zur Vermeidung von Anachronismen beitragen und davor schützen, Zeitgenossen früherer Epochen Vorstellungen und Begriffe zu unterstellen, die sie vielleicht gar nicht (jedenfalls nicht in dieser Sprache) haben konnten. Eine kritische Begriffsgeschichte reflektiert die Schwierigkeiten, die *Vergleiche* zwischen Kulturen und *Übersetzungen* aus einer vergangenen in die gegenwärtige Begrifflichkeit mit sich bringen können. So erscheint es etwa fragwürdig, wenn nach hebräischen oder griechischen Wörtern für Religion oder das Heilige gesucht wird, weil die Gefahr besteht, dass eine Übereinstimmung in der Sache unterstellt oder moderne Semantiken in die Geschichte zurückprojiziert werden. Die Begriffsgeschichte hilft, zu berücksichtigen, welche – bewussten oder unbewussten, historisch bedingten – Voraussetzungen solchen Identifikationen zugrunde liegen.

Eine erweiterte Perspektive entsteht, wenn man beginnt, die Veränderung eines Begriffs bei einem Autor oder einer Autorin, in einer Denkschule oder in einer Sprachgemeinschaft über einen Zeitraum hinweg zu untersuchen. Jeder Wandel lässt sich dabei nur in Relation zu etwas Konstantem beobachten, wobei die Frage ist, was sich jeweils verändert und was konstant bleibt. In dem – von Koselleck angenommenen – *semiotischen Dreieck* von Sachverhalt, Begriff und Wort (siehe Kap. 4 und 5) kann die Veränderung des einen Elements in Bezug auf die Konstanz eines anderen Elements dargestellt werden. Auf dieser Grundlage können dann etwa der Wandel von Problemen oder Diskursen sowie die Differenzen im Sprachgebrauch unterschiedlicher sozialer Schichten untersucht werden. Auch das Aufdecken veränderter Bezeichnungen hat oft einen aufklärerischen Effekt: sei es, weil erst dadurch eine Übersetzungsleistung deutlich wird, sei es, weil Bezeichnungsänderungen auf einen Strukturbruch deuten oder Kontinuitäten in einer Semantik durch neue Bezeichnungen verdeckt werden. Bezeichnungsänderungen können auch zu einer Veränderung geschichtlicher Gegenstände und ihrer Wahrnehmung führen; sie betreffen dann auch die Interpretation von historischen Ereignissen und Adressaten. Die Zäsur 1945 wurde zunächst als ›Niederlage‹, dann als ›Zusammenbruch‹, schließlich – nicht mehr nur in der DDR – vierzig Jahre später auch in der Bundesrepublik als ›Befreiung‹ bezeichnet; ein ähnlicher Wandel der Fokussierung lässt sich in geschichtswissenschaftlichen Forschungen zu 1933 erkennen (vgl. Sabrow 2014).

Die Begriffsgeschichte steht aber auch vor der Gefahr, selbst zur historischen Mythenbildung beizutragen. Quentin Skinner, einer der führenden Köpfe der Cambridge School, hat solche Mythen für die Ideengeschichte beschrieben und kritisiert – sie gelten nicht weniger für die Begriffsgeschichte (Skinner 1969: 3-53). Skinner kritisiert zunächst das Verfahren, in historische Texte die Theoreme und Lehren der Gegenwart hineinzulesen beziehungsweise historische Texte an Lehren und Maßstäben der Gegenwart zu messen. Effekte solcher Verfahren nennt er Mythologien der Lehre (›mythology of doctrines‹). Davon unterscheidet er zweitens Mythologien der Kohärenz (›mythology of coherence‹) und wendet sich damit gegen verschiedene Verfahren der Schematisierung, Abstraktion und Vereinheitlichung, mit denen heterogene Auffassungen bestimmten Ideen oder geschlossenen Systemen zugerechnet werden. Drittens findet Skinner Mythologien der Vorwegnahme (›mythology of prolepsis‹), wobei die Kritik auf die Vernachlässigung der Differenz zwischen dem ursprünglichen Sinn einer historischen Handlung und ihrer gegenwärtigen Bedeutung zielt. Schließlich nennt er viertens die Mythologien der Anverwandlung (›mythology of parochialism‹). Texte würden durch moderne Reformulierungen dem eigenen Wissensstand angepasst. Skinner meint damit historische Narrationen, die auf dem Prinzip der Verknüpfung vermeintlich ähnlicher oder identischer Motive, Theorien oder Begriffe aufgebaut sind. Auch die Rede vom ›historischen Einfluss‹ betrachtet Skinner als Indiz für das Verfahren der Homogenisierung von und Stiftung historischer Kontinuität zu differierenden Konzepten anhand oberflächlicher Ähnlichkeiten.

Umgekehrt ist die Begriffsgeschichte dann aber auch Mittel der Wahl, um solche Verwendungsweisen kritisch zu befragen und solche Konstrukte aufzulösen. Indem sie zeigt, welche unterschiedlichen Bedeutungen ein Wort historisch angenommen hat, kann die Begriffsgeschichte aufklärerische, auch ideologiekritische Effekte erzeugen, vor allem dadurch, dass sie den Schein von Begriffskonstanz auflöst und anachronistische Rückprojektionen von Bedeutungen sichtbar macht. Kari Palonen hat als einen der »Hauptvorzüge der Begriffsgeschichte [...] die Umkehrung der konventionellen Suche nach immer früheren ›Quellen‹ eines Begriffs in die Kunst ihrer präzisen Verortung im Späteren« (Palonen 2004: 31) bezeichnet. Bei Hermann Lübbe heißt es: »Die Begriffsgeschichte bringt uns wie keine andere Disziplin Begriffe als Produkte menschlicher Handlungen nahe, die unter gegebenen Produktionstraditionsprämissen jeweils Versuche sind, den Erfordernissen sich ändernder historischer Lagen zu entsprechen.« (Lübbe 1975a: 15) Begriffsgeschichten können verhindern, dass wir uns durch Begriffe selbst beherrschen lassen, weil wir sie nicht als unsere eigenen Werke und in ihrer Zweckmäßigkeit für den Umgang mit bestimmten Problemen erkennen.

Die Darstellung der Wege und Irrwege, also die der Kontingenz von Begriffsentwicklungen, kann abseits des unmittelbaren systematischen Interesses zur ›erinnernden Vergewisserung‹ (Joachim Ritter) betrieben werden. Eine solche historische Vergewisserung muss nicht der Kompensation von Verdinglichungserfahrungen der Moderne dienen, sie kann umgekehrt in kritischer Intention als ›Eingedenken‹ (Walter Benjamin) einer Gegenwart das Verdrängte, Vergessene, Marginalisierte, Unbewusste oder die ›Substrukturen des Denkens‹ wieder bewusst machen. Begriffe sind, so Adorno, ›Denkmäler von Problemen‹, ihre Geschichte ist ein Archiv des gesellschaftlichen und kulturellen Gedächtnisses. Untersuchungen in synchroner wie diachroner Hinsicht eignen sich ganz besonders zum Vergleich und zur

›Übersetzung‹ der Kulturen. Nach Ian Hacking haben Begriffe sogar »Erinnerungen an Ereignisse, die wir vergessen haben. Eine wichtige Klasse von Begriffsverwirrungen ergibt sich aus Begriffen, die nach einem ziemlich einschneidenden Bruch entstehen und mit ihren Vorläufern nicht zu vereinbaren sind, aber dennoch die Erinnerung an sie bewahren. [...] Ein philosophisches Problem wird durch Inkohärenzen zwischen dem früheren Zustand und dem späteren erzeugt. Begriffe ›erinnern sich‹ daran, wir hingegen nicht. Wir nagen an einem Problem herum, solange der Begriff lebendig ist, weil wir nicht einsehen, daß das Problem aus einem Mangel an Kohärenz zwischen diesem Begriff und der ihn ermöglichenden Ideenordnung hervorgegangen ist. [...] Um das Wesen eines philosophischen Problems zu erfassen, muß man sich mit der Vorgeschichte problematischer Begriffe auseinandersetzen.« (Hacking 2001: 85)

Eine spezifische Form der begriffsgeschichtlichen Selbstaufklärung der Gegenwart besteht darin, selbstverständlich gewordene, aber durchaus historische Voraussetzungen des eigenen Denkens selbst zu historisieren. Scheinbar universale oder übergeschichtliche Begriffe erhalten ihre Plausibilität nur unter besonderen Bedingungen. Gerade auch Abstrakta wie Theorie, das Allgemeine, die Arbeit, Tatsachen etc. haben einen historischen Entstehungs- und Geltungsraum. Die Begriffsgeschichte kann die Frage beantworten, wie ein Begriff so geworden ist, wie er uns heute oder zu einem bestimmten Zeitpunkt erscheint. Begriffsgenealogien können Verdinglichungen oder Ontologisierungen von Verhältnissen aufbrechen. Die Begriffsgeschichte tritt falschen Finalisierungen entgegen, macht Denkhindernisse sichtbar und versucht zu rekonstruieren, wie »[a]us falschen Voraussetzungen und unreproduzierbaren ersten Versuchen [...] nach vielen Irrungen und Umwegen eine wichtige Entdeckung entstanden« ist (Fleck 1935/1980: 101). Begriffe werden daraufhin untersucht, wie sie etwas sichtbar machen, neue Wirklichkeiten eröffnen, Werkzeuge des Denkens sind. Werden solche Prozesse vergessen, droht eine verdinglichende Reduktion der Begriffe »zu Namen für Wirklichkeitsausschnitte«, womit der gesellschaftliche Praxiszusammenhang abgeschnitten ist und das, was der Mensch handelnd hervorbringt, als objektive Beschreibung der Wirklichkeit ausgegeben wird (Thielmann 1999: 16). Die kritische Funktion der Begriffsgeschichte wird hier verstanden als Rekonstruktion der Fragen und Probleme, zu deren Bewältigung die Begriffe erarbeitet worden sind. Eine solche Rekonstruktion legt die Voraussetzungen der Wissenschaften als Form der und ihre Einbettung in die kulturellen Praxen frei. Begriffsgeschichte kann zeigen, welche Funktionen Begriffe hatten (und wie sie vergessen worden sind) und wie Begriffe, die wesentlich durch ihre Umstrittenheit gekennzeichnet sind, im gesellschaftlichen Diskurs strategisch verwendet werden. Oder, wie Clemens Knobloch es als Aufgabe formuliert: »Begriffsgeschichte müßte also in ihrer Zuwendung zu vergangenen Kommunikationen die Kürzel und Spuren derjenigen gesellschaftlichen Beziehungen und Verhältnisse entziffern, die von den ehedem Beteiligten in actu hergestellt, betätigt, definiert und organisiert worden sind.« (Knobloch 1992: 17) Indem die Begriffsgeschichte Begriffe als Resultat von semantischen Übertragungen untersucht, vermag sie in interdisziplinärer Perspektive sehr praktisch historisch entstandene Grenzen der Wissenschaften aufzuzeigen und Missverständnisse zwischen verschiedenen Disziplinen zu verhindern (siehe Kap. 3). Schließlich kann die Begriffsgeschichte dazu beitragen, epistemische Zusammenhänge aufzudecken, deren sich die Zeitgenossen nicht bewusst waren, weil sie als selbstverständlich erachtet wurden (Bödeker 2002b: 117).

Doch die begriffsgeschichtliche Erforschung und Darstellung in einfacher chronologischer Zeitfolge erzeugt, wie der französischen Epistemologe Georges Canguilhem dargelegt hat, mitunter auch Verkehrungen. In der Wissenschaftsgeschichte dürfe man nicht chronologisch vorgehen, »weil die historische Darstellung stets die wirkliche Interessen- und Forschungsrichtung verkehrt; denn die Reflexion wird ja gerade von Problemen der Gegenwart herausgefordert. Wenngleich die Reflexion einen Rückgang erfordert, bleibt dieser doch notwendig Funktion jener. So ist denn in Wahrheit der historische Ursprung von ungleich geringerer Bedeutung als der der Reflexion.« (Canguilhem 1943/1977: 37)

Für Rudolf Eucken, einen der Begründer der philosophischen Begriffsgeschichte, hatte die historische Behandlung der philosophischen Begriffe vordringlich einen diagnostischen und kulturkritischen Zweck. Begriffe sind für ihn Symptome der Zeit. Ihre Kritik dient der Kritik des gesamten geistigen Lebens sowie der Wiederherstellung der abgebrochenen Tradition und Einheit der Philosophie. Schon hier wird deutlich, was sich von den meisten Konzepten der Begriffsgeschichte sagen lässt: Begriffsgeschichte kann Sprachpolitik betreiben, und Sprachpolitik nutzt die Geschichte der Begriffe. Der Ritter-Schüler Helmut Günter Meier meint, dass die »historisch-genetische Begriffsgeschichte [...] in die gegenwärtige Bedeutungsfixierung« eingreife (Meier 1971: 807). Hans Blumenberg schlägt vor, »daß historisch philologisch indiziertes und erkaltetes Material neu eingesprengt werden kann« (Blumenberg 2001: 127). Umgekehrt kann es auch darum gehen, mit der Einführung neuer Begriffe oder Bedeutungen verbundene Traditionsstiftungen kritisch aufzuzeigen. Für Georg Toepfer hat die Begriffsgeschichte die Funktion der »semantischen Kontrolle des gegenwärtigen Sprachgebrauchs« (Toepfer 2011: xiii), Hermann Lübbe spricht von der reinigenden, therapeutischen Funktion von Begriffsgeschichte, um »in einen sozusagen verluderten philosophischen Wortgebrauch korrigierend einzugreifen, damit der Begriff wieder praktikabel werde« (Lübbe 1975b: 13-14).

Begriffsgeschichten können aber auch direkt zur Legitimation von (nicht zuletzt politischem) Handeln eingesetzt werden. Das ist bei Carl Schmitt offensichtlich. Seine am Romantikbegriff scheinbar nur historisch nachgezeichnete Unterscheidung zwischen okkasionalistischem und dezisionistischem Handeln ist vornehmlich eine zeitgenössische politische Intervention. Sogar der Ruf nach einer quellenkritischen Beachtung der historischen Semantik von Begriffen kann, etwa bei Otto Brunner, tief mit der zeitgenössischen nationalsozialistischen Ideologie verknüpft sein, so dass es kaum möglich ist, die fachwissenschaftliche und die politische Dimension genau zu trennen. Gegen die vorgeblich abstrakt-trennende, ›volksfremde‹ Terminologie des liberalen 19. Jahrhunderts macht er als ›konkrete Ordnungen‹ soziale Gebilde oder Lebensbereiche wie Familie, Sippe, Stand, Betriebsgemeinschaft, Beamtenschaft oder Heer geltend.

In Fritz Mauthners *Wörterbuch der Philosophie* (1910) ist ein weiteres Motiv für die Beschäftigung mit der Sprach- und Begriffsgeschichte innerhalb der Philosophie zu erkennen. Anknüpfend an Nietzsche dient ihm der Nachweis des Bedeutungswandels und der Metaphorizität philosophischer Wörter einer prinzipiellen Sprachkritik. Philosophische und wissenschaftliche Begriffe sollen prinzipiell als ›Scheinbegriffe‹ entlarvt werden, indem ihre vergessene Herkunft aus Lehnübersetzungen anderer Kulturen nachgewiesen wird.

Sehr weit wird die Funktion der Begriffsgeschichte und der Historischen Semantik dort gefasst, wo, wie bei Martin Heidegger und Hans-Georg Gadamer, Geschichtlichkeit im Medium von Sprache und Begriffen erschlossen werden soll. Bei Heidegger ist Sprachgeschichte als Etymologie vorrangig Dekonstruktion von ontologischen Verstellungen; sie dient der Freilegung normativ und modernekritisch verstandener Semantiken der Griechen. Gadamer und Ritter waren der Meinung, dass systematische Philosophie überhaupt nur im Medium ihrer Geschichte und der Geschichte ihrer Begriffe möglich sei. Mit der Auflösung von Geschichte und Welt in Sprache droht eine Überforderung der Begriffsgeschichte. Allerdings wollten weder Ritter noch Koselleck ihre Disziplinen auf die Begriffsgeschichte reduzieren.

In der Geschichtswissenschaft dient die Begriffsgeschichte nichts Geringerem als dem Ziel, das Selbstverständnis einer Epoche zu fassen. Die Geschichten von Begriffen können als historische Sonden fungieren, um in diachronen Schnitten längerfristige historische Veränderungen zu untersuchen. Für Kosellecks *Geschichtliche Grundbegriffe* und verwandte Projekte sind Begriffsgeschichte und Historische Semantik Mittel, um nicht nur die Geschichte der Sprache, sondern Geschichte in ihrer Sinnhaftigkeit insgesamt zu begreifen. Koselleck geht es nicht oder nicht nur um die Aufklärung der Geschichte einzelner Begriffe, sondern um die Logik der Begrifflichkeit eines ganzen Zeitalters. Wenn heute von Begriffsgeschichte und Historischer Semantik gesprochen wird, dann werden damit zugleich Theorien verbunden, die weit über die empirische Untersuchung einzelner Begriffe und Wörter hinausgehen. Gerade bei Koselleck sind damit auch und vor allem historisch weit ausgreifende, theoriegeleitete Thesen und Hypothesen zum Zusammenhang von Sprache, Geschichte und Gesellschaft gemeint, bei denen es um die semantische und sozialhistorische Charakterisierung ganzer Epochen und Zäsuren geht (siehe Kap. 6 und 7). Seine *begriffsgeschichtlichen Hypothesen* zur Kollektivsingularbildung oder zu den Charakteristiken moderner Semantik (Verzeitlichung, Demokratisierung, Ideologisierbarkeit, Politisierung) gehen von einer epochenübergreifenden Logik der Grundbegriffe aus. Die in den

Begriffsgeschichten sich niederschlagenden Erfahrungen und die begriffene Geschichte sollen dabei letztlich koinzidieren. Koselleck hält es für möglich, die Moderne von ihrer semantischen Selbstbeschreibung her gleichzeitig zu beschreiben und kritisch zu reflektieren. Diese Überlegungen gehören vielleicht zu den spannendsten Ergebnissen der Begriffsgeschichtsforschung.

Begriffsgeschichte ist bei Koselleck Grundlage eines Programms, das er selbst als ideologiekritisch bezeichnet (vgl. Oncina Coves 2016). Ohne Paradoxien geht das nicht. Wenn Koselleck die Herausbildung des *Kollektivsingulars* ›der‹ Geschichte, also die Herausbildung einer Weltgeschichte, gegenüber den vormodernen pluralen Geschichten konstatiert, so ist er sich einerseits im Klaren, dass ein Rückgang hinter diesen Geschichtsbegriff weder möglich noch adäquat ist. »Geschichte, seitdem sie einmal unsere Erfahrung eröffnet hat, läßt sich nicht durch Kritik destruieren« (Koselleck 1971/2010: 46). Die »sogenannte eigentliche Geschichte«, so Koselleck, »ist also immer etwas anderes als die Summe der Aktionsmodalitäten im jeweiligen Erfahrungshaushalt der Beteiligten« (Koselleck 1997/2010: 18). Andererseits bleibt die der Vormoderne zugeschriebene Pluralität der Geschichte dennoch ein Maßstab der Kritik. »Je fragwürdiger die ›Geschichte schlechthin‹ geworden ist, desto mehr wird die Historie als kritische Wissenschaft legitimiert.« (Koselleck 1971/2010: 41) Niklas Olsen hat in seiner Koselleck-Monografie diese Paradoxie einseitig aufgelöst, indem er Koselleck auf Kosten von dessen begriffsgeschichtlichen Einsichten ziemlich einlinig eine Partisanenhaltung der Pluralität unterstellt – eine liberale Interpretation Kosellecks, die heute dominiert. Tatsächlich hat Koselleck zwar die Ideologien kritisiert, die den Kollektivsingular der Geschichte unkritisch (etwa für teleologische Sinnzumutungen) in Anspruch nehmen, die Bildung der Kollektivsingulare aber als eine Entdeckung der Neuzeit und als transzendentale

Wende des Geschichtsbegriffs herausgestellt, die er in ihrer Paradoxie offenbar gerade nicht einfach als allein sprachlich negierbar angesehen hat. Denkbar wäre allerdings auch eine Kritik an der ›einen‹ Geschichte oder am Kollektivsingular Geschichte, in der nicht die Semantik allein, sondern die ökonomische, machtpolitische und ideologische Form und Struktur dieser Globalität analysiert und kritisiert wird. Das würde aber die begriffsgeschichtliche Perspektive überschreiten. Dass eine Ideologiekritik auf der Basis des Geschichtsbegriffs sprachimmanent gar nicht möglich ist, legt Koselleck selbst nahe: Denn die Geschichtswissenschaften unterscheiden sich Koselleck zufolge von den Geisteswissenschaften vor allem dadurch, dass sie mithilfe von Texten zu Aussagen gelangen, die über die Texte hinausführen. Erst dadurch werde Ideologiekritik möglich (Rosa 2013; Oncina Coves 2016: 52; Koselleck 1971/2010: 43). Doch das, *was* in diesem Sinne über die Texte hinausführt, bleibt bei Koselleck geradezu ein unerkanntes ›Ding an sich‹. Indem allerdings viele Koselleck-Interpretationen das Außen der Begriffsgeschichte ausblenden und Koselleck hier sogar eine zeichentheoretische Uninformiertheit vorwerfen, entziehen sie ihm die Basis seiner Kritik.

Bei Koselleck bleibt das Verfahren der Kritik überprüfbar; er legt die widersprüchliche Basis seines Befundes offen. Schwieriger wird das in der Soziologie, wenn der Begriffsgeschichte entlehnte semantische Befunde wie der der Beschleunigung als ein soziologisches Metaphänomen gefasst werden. Semantische Befunde (die bei Koselleck an Erfahrungen gekoppelt sind) werden dann zu sozialen Kategorien, bei denen zudem nicht mehr gefragt wird, was sich etwa beschleunigt oder was die Zukunftsentwürfe sind, worin Innovationen und worin Globalisierungen bestehen. Denn auch wenn der Befund der Beschleunigung zutreffend wäre, dann ist es vielleicht weniger die Beschleunigung selbst, die negative Erfahrungen evoziert: Eine Beschleunigung der Entwicklung neuer Heilverfahren in der Medizin, der Beseitigung des Nahrungsmangels oder eine schnellere Reduzierung der klimaschädlichen Emissionen wäre doch zu unterscheiden von der Erfahrung schnellerer Kapitalumläufe, beschleunigten Sozialabbaus oder der rasanten Zerstörung der natürlichen Lebensgrundlagen. Im Gegensatz zu einer Ontologisierung der Semantik sozialer Prozesse hatte Koselleck mit der sozialen Sach- oder Strukturgeschichte immer das Andere der Semantik wenigstens im Blick. Für ihn erschöpft sich die Geschichte nicht in der jeweils sprachlich gefassten Sinnstiftung (Koselleck 1997: 17; siehe Kap. 5).

Während die Aufgabe der klassischen Begriffsgeschichte für verschiedene historische Disziplinen lange vorrangig darin bestand, das zeitliche und räumliche Bewusstsein für sprachliche und begriffliche Differenzen zu schärfen, stellt sich einer global interessierten Geschichtswissenschaft heute die forschungspraktische Herausforderung, gemeinsame oder vergleichbare analytische Kategorien für eine globale Welt und ihre transnationalen Geschichten zu entwickeln. So gibt es zwar gute Gründe, den antiken Begriff der Polis vom modernen Begriff des Staates zu unterscheiden. Wie aber ist mit dem Befund umzugehen, dass es auch in antiken oder nichteuropäischen Gesellschaften durchaus Praktiken und Unterscheidungen gibt, die mit denen moderner Staaten vergleichbar sind? Das betrifft nicht nur, aber vor allem Kulturen, zwischen denen es historisch keine selbst wieder als Quellenbefund zu wertenden Übersetzungen gibt. Wie ist es möglich, solche Beobachtungen zu formulieren, ohne den modernen Staatsbegriff normativ als Maß anzusetzen? Und kann die Begriffsgeschichte zu diesen Debatten einen Beitrag leisten – ohne ihre genuinen Erkenntnisse einzuebnen?

Zusammenfassend lassen sich tendenziell zwei Verfahren oder Erkenntnisziele der Begriffsgeschichte erkennen. Das *erste* folgt dem Anspruch, die Geschichte der Begriffe zu erforschen, um mit ihrem Geworden- und Produziertsein zugleich die Möglichkeit ihrer Veränderung und Veränderbarkeit aufzuzeigen. Starr gewordene Begriffsbedeutungen werden in ihrer Genese und fließenden Gebrauchssemantik gezeigt, substanzielle Bedeutungen aufgelöst, selbstverständliche Voraussetzungen selbst histosiert. Begriffsgeschichte kann eine verfremdende, dadurch zugleich erhellende Perspektive auf die Dinge werfen. Das *zweite* Verfahren ist seiner Intention nach dem ersten ziemlich entgegengesetzt: Es untersucht die Geschichte und die Vergangenheit der Begriffe vorrangig, um entweder einen normativen Maßstab, eine Sprachnorm für die Kritik der Gegenwart, der Moderne oder Neuzeit zu finden oder um ungebrochene Traditionen von Begriffen nachzuweisen. Beide Verfahren können begriffspolitisch motiviert sein. Beide sind nicht voraussetzungslos: Wenn die moderne Begriffsgeschichte in der Einsicht eines radikalen kulturellen Konstruktivismus und Historismus endet, steht sie in Komplizenschaft mit der Moderne, zu deren Kennzeichen gehört, alle festen Bestimmungen infrage zu stellen, alle tradierten und herkömmlichen Verhältnisse aufzulösen. Dagegen findet die modernekritische Linie ihren Maßstab häufig an vormodernen Semantiken. Geht man mit diesem etwas dualistischen Schema an die Konzepte der Begriffsgeschichte heran, dann zeigt sich allerdings, dass die beiden hier etwas schematisch unterschiedenen Motive oftmals nicht so scharf getrennt werden können. Nicht selten ist es die Begriffsgeschichte selbst, die einer unkritischen Mythenbildung vorarbeitet, wie sie umgekehrt auch die Mittel liefert, um solche mythologisierenden Narrationen wieder aufzubrechen.

Ein bis heute wiederkehrender Topos der Kritik, der sich insbesondere gegen radikal geschichtlich vorgehende Theorien wie die von Karl Mannheim oder Ludwik Fleck richtet, beschwört die Gefahr eines *Relativismus* durch Historisierung herauf. Die berechtigte Kritik des Logikers Gottlob Frege an der psychologischen Erklärung von Begriffen aus der menschlichen Seele wird von Philosophen mitunter bis heute als generelles Verdikt des vermeintlichen Relativismus der Begriffsgeschichte gelesen: »Wenn in dem beständigen Flusse aller Dinge nichts Festes, Ewiges beharrte, würde die Erkennbarkeit der Welt aufhören und Alles in Verwirrung stürzen. [...] [D]iese Auffassung zieht Alles ins Subjective und hebt, bis ans Ende verfolgt, die Wahrheit auf. Was man Geschichte der Begriffe nennt, ist wohl entweder eine Geschichte unserer Erkenntnis der Begriffe oder der Bedeutungen der Wörter. Durch große geistige Arbeit, die Jahrhunderte hindurch andauern kann, gelingt es oft erst, einen Begriff in seiner Reinheit zu erkennen, ihn aus den fremden Umhüllungen herauszuschälen, die ihn dem geistigen Auge verbargen.« (Frege 1884/1986: VII-VIII)

In den 1920er Jahren wurde der Relativismusvorwurf oftmals auch von Modernisierungsgegnern der Weimarer Republik formuliert, die die formalen demokratischen Verfahren nur als Ausdruck einer neutralisierten, wert- und substanzleeren Gesellschaftsform betrachteten. Der Vorwurf des wurzellosen Relativismus zielte dabei insbesondere auf Karl Mannheim, dessen Wissenssoziologie die Standortgebundenheit und Historizität aller Wertsetzungen betont, vor allem aber, was wohl einer der Hauptgründe für die Anfeindungen gegen ihn war, die Deutungsmacht der intellektuellen, insbesondere der philosophischen Bildungsschicht infrage stellte. Gegen den Relativismus wurden ahistorische Konstanten wie Werte, Archetypen, Topoi, (kultur-)anthropologische und biologisch-rassistische Konstanten oder auch Heideggers als Existenzial verstandene Geschichtlichkeit des Menschen ins Feld geführt – wobei eher sie, nicht der Relativismus, fatale politische Einstellungen begründeten. Bezeichnenderweise steht, wie aus seinem Briefwechsel mit Carl Schmitt hervorgeht, auch bei Koselleck die Suche nach einem Ausweg aus dem »Historismus, soweit man unter ihm die Wissenschaft von der ›Relativierung der Werte‹ versteht«, am Beginn seines Schaffens (Koselleck/Schmitt 2019: 9-10). Durch Kosellecks Werk zieht sich unter dem Stichwort ›Historik‹ das Bestreben, abseits der Begriffsgeschichte zeitlose ontologische Bedingungen kategorial festzuschreiben.

3. Begriffe kennen keine Disziplin – Begriffsgeschichte der Disziplinen

Der Abriss ihrer Geschichte (siehe Kap. 1) hat gezeigt, dass die Begriffsgeschichte in unterschiedlichen Disziplinen entstanden ist, teils isoliert voneinander, teils in wechselseitiger Befruchtung; sie ist also nicht einer einzigen wissenschaftlichen Disziplin zuzuordnen. Welchen Ort aber hat sie dann im Gefüge der Wissenschaften? Ist sie eine eigene Disziplin oder steht sie über den Disziplinen? Ist sie eine historische Hilfswissenschaft, deren sich ganz unterschiedliche historisch arbeitende Wissenschaften bedienen können? Oder ist die Begriffsgeschichte als Methode inter-, trans- oder multidisziplinär? Von der Beantwortung dieser Fragen hängt auch ab, ob es die *eine* Begriffsgeschichte überhaupt gibt oder ob Begriffsgeschichte nicht vielmehr notwendig multiperspektivisch organisiert ist. Um Antworten auf diese Fragen zu finden, wird man die Ebene des *Gegenstandes* der Begriffsgeschichte von den unterschiedlichen wissenschaftlichen Interessen der *Disziplinen* und *Methoden* seiner Untersuchung unterscheiden müssen.

Begriffe machen an den Grenzen der Kulturen und Disziplinen nicht halt. Als ein Beispiel kann der im 19. Jahrhundert virulent werdende Begriff der Energie dienen. Seine im Zusammenhang mit dem Energieerhaltungssatz stehende ›Entdeckung‹ und dessen bis heute anhaltende Überdetermination korrespondiert aufs Engste den ökonomischen, sozialen und kulturellen Semantiken des aufsteigenden Industriekapitalismus. Weil verschiedene Disziplinen und Praktiken an der Genese beteiligt sind, aber auch, weil Wort, Begriff und Terminus eine ungleichzeitige Entwicklung aufweisen, lassen sich die soziale Dimension des Energiebegriffs und die naturwissenschaftliche Dimension des ökonomischen Arbeitsbegriffs in ihrer Wechselwirkung nur interdisziplinär und unter Einbeziehung eines breiteren Wortfelds (Umwandlung, Lebenskraft, Wärme, Kraft, Arbeit, Entropie, Wärmetod, Dispersion etc.) beschreiben. Der Mediziner Julius Robert Mayer etwa, einer der Entdecker des Energieerhaltungssatzes, hatte seine Erkenntnisse aus der Untersuchung insbesondere physiologischer Prozesse gewonnen (Arbeitsleistung der Muskeln, Fieber, Atmung etc.) und die Vorstellung entwickelt, dass der lebendige Körper eine Art Maschine sei, die die chemische Energie der Nahrungsmittel in eine äquivalente Menge von mechanischer Energie und Wärme umwandle. Umgekehrt wurden Bestimmungen des menschlichen Arbeitsbegriffs dann auf Maschinen übertragen. ›Travail mécanique‹ war zunächst eine ökonomische Größe, wobei ›Arbeit‹, in der ursprünglichen Bedeutung von Mühsal, erst nach der Mitte des 18. Jahrhunderts ein ökonomischer Begriff geworden war. Die Entstehung des Begriffs ist ohne die Ökonomisierung des Menschen, die Rationalisierung der Arbeit sowie die Entwicklung effizienter Antriebselemente (wie der Dampfmaschine) kaum denkbar; eine konsequente Trennung von Sachgeschichte und kultureller Semantik lässt sich kaum aufrechterhalten. Nur bei Einbeziehung dieser Prozesse lässt sich erklären, wie ›Energie‹ durch Verquickung von weltanschaulichem Bedürfnis und wissenschaftlicher Evidenz seit dem 19. Jahrhundert zu einem Schlüsselbegriff geworden ist. ›Energie‹ ist aber auch ein Beispiel dafür, dass seit dem 19. Jahrhundert verstärkt Begriffe unmittelbar von den Wissenschaften in den Interdiskurs übergehen und damit die Philosophie als Universaldiskurs zurücktritt (Müller 2015).

Ein solcher begriffsgeschichtlicher Ansatz kann folglich nur jenseits der disziplinären Trennungen funktionieren; er geht den verschiedenen Ursprüngen der Begriffe nach, verfolgt die semantischen und wörtlichen *Übertragungen*, untersucht, was passiert, wenn ein Begriff oder Begriffswort zwischen Diskursen, Disziplinen, Kulturen wandert oder zirkuliert. Er fragt zunächst nicht nach der Legitimität solcher Übertragungen, sondern nach ihren Effekten und Differenzen.

Die interessanten Schnittstellen zwischen ›Arbeit‹ und ›Energie‹ finden jedoch in den Begriffsdarstellungen der Philosophie, der Wissenschaftsgeschichte und in den Geschichts- und Sozialwissenschaften kaum eine Berücksichtigung. In den *Geschichtlichen Grundbegriffen* wird zwar der Arbeitsbegriff behandelt, nicht jedoch der der Energie (Conze 1972: 154-215; vgl. auch Leonhard/Steinmetz 2016). Der Arbeitsbegriff im *Historischen Wörterbuch der Philosophie* wiederum springt ideengeschichtlich von Schiller zu Marx, die dazwischenliegenden Entwicklungen des Energiebegriffs bleiben unberücksichtigt; der Artikel ›Energie‹ dagegen erwähnt die Arbeitssemantik nicht. Dies ist eine Folge der methodischen Trennung von Natur- und Geisteswissenschaften sowie der Tatsache, dass die begriffsgeschichtliche Methode zunächst in den und für die Geisteswissenschaften entwickelt worden ist.

Natürlich müssen die Ausdifferenzierung, die Eigenlogik und der Selbstbehauptungsanspruch von Disziplinen sowie die divergierenden Begriffssysteme und Methoden ernst genommen werden, zumal deren Trennungsgeschichte sich in den verschiedenen Traditionslinien der Begriffsgeschichte (der philosophischen, linguistischen oder sozialhistorischen) mit reproduziert hat. Die unterschiedliche Perspektive beruht auf einem jeweils ganz unterschiedlichen Interesse der verschiedenen Wissenschaften an ihrer Geschichte. Es gibt Disziplinen, die in besonderer

Weise ihrer Diskurstradition zugewandt sind und die Geschichte ihrer wichtigen Termini immer wieder neu bearbeiten – dazu gehören (oder gehörten wenigstens zeitweise) Philosophie, Theologie, Rechtswissenschaft und die Philologien, die je eigene hermeneutische Traditionen herausgebildet haben (Stierle 1979: 177-178). Die Philosophiegeschichte behandelt ihre Termini meist nur binnentheoretisch, ohne deren sozialgeschichtliche und pragmatische Dimensionen. Die Literaturwissenschaften arbeiten begriffsgeschichtlich und haben sich an den großen Lexika beteiligt, auch wenn nicht zu Unrecht festgestellt worden ist, dass sie statt eines eigenständigen begriffsgeschichtlichen Forschungsprogramms eher von den historiografischen und philosophischen Debatten zehrten (vgl. Dutt 2010). Für die Geschichtswissenschaft ist die Frage, ob moderne Begriffe zur Analyse früherer Epochen taugen, natürlich von zentraler Bedeutung (vgl. Steinmetz 2008: 195). Koselleck sieht in der Analyse der Verzeitlichungsprozesse und den Zeitschichten der Begriffe das spezifisch geschichtswissenschaftliche Interesse an der Begriffsgeschichte. Den Geschichtswissenschaften geht es aber auch darum, die Begriffe einer Zeit zu historisieren, um eine neue, vom Gegenstand getrennte Begrifflichkeit zu finden. Für Ethnologie, Soziologie und Linguistik ist dagegen die Diachronie ihrer Begriffe eher von geringer Relevanz. Noch seltener zeigen die Naturwissenschaften ein systematisches Interesse an der Geschichte ihrer Begriffe. Wo sich die traditionelle Wissenschaftsgeschichte den Naturwissenschaften zugewendet hat, konstruierte sie Begriffserzählungen nicht selten als Erfolgs- und Fortschrittsgeschichte oder als eine Geschichte der Auflösung von Denkhindernissen. Das ändert sich in der französischen Epistemologie und der jüngeren Wissenschaftsgeschichte (vgl. Müller/Schmieder 2008; Eggers/Rothe 2009).

Verkompliziert wird die Lage dadurch, dass innerhalb einzelner Disziplinen das Verständnis und die Funktionen der Begriffsgeschichte differieren können. Welche Funktion die Begriffsgeschichte hat, hängt insbesondere davon ab, wie sie das Verhältnis von Genese und Geltung behandelt. In vielen Philosophien dient die Geschichte der Begriffe letztlich der systematischen Absicht, ein Tableau zwar historisch aufgeworfener, eigentlich aber zeitloser Probleme zu entfalten. Ihre systematische Begrifflichkeit möchten viele Philosophien nicht den Folgen konsequenter Historisierung aussetzen. Für Hans-Georg Gadamer dagegen kann die Philosophie überhaupt nur als geschichtliche gedacht werden; Philosophie und (Begriffs-)Geschichte fallen damit nahezu zusammen. Die Frage, ob Begriffe – wie Koselleck unterstellt – auch in der Philosophie eine Indikatorfunktion haben oder nicht, wird unterschiedlich beantwortet (Schröder 2001; Scholtz 2000a; siehe Kap. 5).

Zu dieser Ausdifferenzierung gehört auch, dass die verschiedenen Disziplinen und methodischen Fachrichtungen verschiedene historische Gegenstände bevorzugen. So präferiert die (deutsche) Linguistik oft vor allem den historisch weit zurückreichenden Wandel in der Sprache (etwa in der Indogermanistik), die philosophische Begriffsgeschichte sucht den Ursprung der Reflexionsbegriffe der Theoriesprache in der Antike, die Mentalitätsgeschichte wendet sich religiös geprägten Gesellschaften wie dem Mittelalter zu, die Cambridge School behandelt vor allem den politisch-sozialen Sprachgebrauch in der Frühen Neuzeit und Moderne. Diese Arbeitsteilung führt auch zu blinden Flecken.

Das gilt schließlich auch für disziplinäre Differenzen auf der Ebene der Methode und der Methodensprache. Philosophie, Geschichtswissenschaft, Sprachwissenschaft, Sozialwissenschaft und Politische Theorie entwickeln ein je eigenes Verständnis von Begriffsgeschichte und der mit ihr verbundenen Begrifflichkeit. ›Semantik‹ oder ›Konnotation‹ bezeichnen in der Philosophie und Linguistik Unterschiedliches, geradezu Gegensätzliches (siehe Kap. 4). Eigentlich sachlich eng zusammenhängende Forschungen werden wechselseitig nicht zur Kenntnis genommen. Die Historische Semantik als Disziplin der Linguistik erforscht schon seit dem 19. Jahrhundert die Gesetze und Regeln im historischen Sprachwandel und kann mit der Disziplin gleichen Namens (aber auch mit der Begriffsgeschichte) in den Geschichtswissenschaften wenig anfangen (Fritz 1998: 97-98). Wo begriffsgeschichtliche Unternehmen von Sprachwissenschaftlern rezipiert wurden, sahen sie sich oft dem Vorwurf gegenüber, ihr Konzept sei sprachtheoretisch unreflektiert (Busse 1987). Uneinigkeiten bestehen insbesondere über den der Begriffsgeschichte zugrunde liegenden Begriff des Begriffs. Die Auszeichnung von (einzelnen) Wörtern als Begriffe, gar als Grundbegriffe, die Behauptung einer vom Wort unterscheidbaren Bedeutungsebene oder die Funktion von Sprache als Indikator erscheinen innerlinguistisch nicht anschlussfähig. Weil viele Vertreter der philosophischen Begriffsgeschichte ihre begrifflichen Gegenstände nur binnentheoretisch untersuchen, sind die methodisch hochreflektierten Überlegungen des Historikers Reinhart Koselleck zum Verhältnis von Begriffsgeschichte und Sozialgeschichte von ihnen selten rezipiert worden – und dies, obwohl die großen begriffsgeschichtlichen Wörterbücher, die *Geschichtlichen Grundbegriffe* und das *Historische Wörterbuch der Philosophie,* erhebliche Schnittmengen in ihren Stichwörtern aufweisen. Wenn in jüngerer Zeit Hans Blumenbergs Metaphorologie als neue Herausforderung der Begriffsgeschichte und Historischen Semantik dargestellt wird, dann kommt nicht in den Blick, dass bereits die klassischen historischen Semantiker der Sprachwissenschaft (wie etwa Karl Christian Reisig, Michel Bréal, Gustav Gerber) die

Übertragung oder Metaphorik als eine wesentliche Ursache der Bedeutungsveränderung bestimmt hatten. Und bezogen auf den Begriff der *Metapher* wiederholen sich Probleme, die die Begriffsgeschichte mit dem Begriff des Begriffs hat, denn die verschiedenen Disziplinen haben gemäß ihren Erkenntnisinteressen jeweils eigene Fragestellungen und Leitthemen zu Funktionen und Dimensionen der Metapher entwickelt. Sprach- und Kommunikationswissenschaften relativieren eher die Differenz zwischen Metapher und Nichtmetapher. In der Wissenschaftstheorie ging es lange um das Verhältnis der Metapher etwa zu Modell, Analogie und Theorie, in der Philosophie um die Frage nach dem Verhältnis von Begriff und Metapher, in der Literaturwissenschaft um die Abgrenzung der Metapher von anderen Tropen (wie Symbol, Gleichnis, Metonymie, Katachrese, Synekdoche oder Allegorie) und ihre Verbindung zu Rhetorik und Ästhetik, in der Historiografie um den Zusammenhang von Metaphern mit Paradigmen und Narrativen.

Doch immer wieder hat die begriffsgeschichtliche Forschung selbst Brücken zwischen den verschiedenen Methoden entwickelt. Schon der Ideenhistoriker Arthur O. Lovejoy kritisierte die Konzentration auf Ideen in »vollem philosophischen Ornat« und forderte die Einbeziehung der Ethnografie, Sprachgeschichte, Politik und Soziologie, der Religion und der Künste. Mitte der 1970er Jahre gab es erste Pläne für ein *Interdisziplinäres Deutsches Wörterbuch*, das tiefgehende Kommunikationsstörungen zwischen der Gemeinsprache und den auseinanderstrebenden Fachsprachen (der Technologien, Wirtschaftszweige und Wissenschaften) diagnostizierte (vgl. Henne u.a. 1978: 7). Andere Vorstöße, zwischen den Disziplinen neue Bögen zu schlagen, unternahmen in den Geschichtswissenschaften Irmline Veit-Brause und Hans Erich Bödeker, in der Philosophie Gunter Scholtz oder Petra Gehring sowie in der Sprach- und Kommunikationswissenschaft

Clemens Knobloch (siehe Literaturverzeichnis). Vor allem die mit dem Bedeutungszuwachs der Wissenschaftsgeschichte und der Etablierung der Kulturwissenschaften verbundene Transformation der Geisteswissenschaften hat sich auch auf die Begriffsgeschichte ausgewirkt und dazu geführt, dass »die neuere Begriffsgeschichte von vornherein interdisziplinär angelegt« ist (Hölscher 2000: 11).

Verkompliziert wird das Verhältnis zwischen Disziplinarität und Interdisziplinarität dadurch, dass beide selbst, auch von ihrer Begrifflichkeit her, einen historischen Index haben. Eine interdisziplinär verfahrende Begriffsgeschichte hätte zu fragen, wie sich die jeweiligen Trennungen herausgebildet haben und wie sie legitimiert und reproduziert werden. In einer erweiterten Perspektive stellt sich die Frage, wie sich die für die deutsche Wissenschaftskultur prägende Trennung zwischen Natur- und Geisteswissenschaften in anderen Kulturen auswirkt, in denen andere Klassifizierungen gelten (wie etwa die französischen ›sciences de la nature‹/›sciences humaines et sociales‹ oder ›sciences/humanities‹ im angloamerikanischen Bereich).

Die Konzentration der Begriffsgeschichte auf einzelne Disziplinen reflektiert den Ausdifferenzierungsprozess der Wissenschaften, die im Zuge ihrer Fachentwicklungen jeweils eigene Vokabulare entwickelt haben. Lange war begriffliches Wissen vor allem hierarchisch und universalistisch von der Philosophie her organisiert. Je spezialisierter und autonomer Disziplinen sind, umso leichter ist es auch, die Begriffsgeschichte, oder, wenn es sich um stärker formalisierte Fächer handelt, die Terminologiegeschichte der jeweiligen Disziplin zu schreiben. Zugleich ist die Homogenität und Autonomie von Disziplinen nur eine scheinbare, weil keine einzelne Disziplin nur durch eigene Begriffe, einen exklusiven Gegenstand oder eine dominante Methode präzise definiert werden kann (Veit-Brause 2000: 23).

Das Sprachmaterial, mit dem es eine Begriffsgeschichte zu tun hat, weist immer schon über die einzelnen Disziplinen auf die weiteren gesellschaftlichen Voraussetzungen und kulturellen Einbettungsbedingungen hinaus. Begriffe haben keine festen Grenzen, für sie sind die Metaphern der ›travelling concepts‹ oder der ›nomadic concepts‹ geprägt worden; sie wandern zwischen Wissensgebieten und Wissenschaften, zwischen Wissenschaften und Alltagsdiskursen oder verschiedenen Medien und Formen der Öffentlichkeit. Im Zuge der Zirkulation der Begriffe verändern sich auch ihre Bedeutungen: Je nach ihrem konkreten Verwendungskontext werden die Begriffe politisiert, ästhetisiert, moralisiert, übertragen und rückübertragen, übersetzt und rückübersetzt. Die Rekonstruktion des Bedeutungstransfers kann Aufschluss darüber geben, wie von Vertretern einer Disziplin das Wissen und Forschungsmaterial anderer Disziplinen zur Formulierung und Lösung eigener Fragestellungen übersetzt und epistemisch produktiv gemacht wird. Neben bewussten Übernahmen von Begriffen, Modellen, praktischen Verfahren u.a. dürften dabei auch nicht explizierte Eigendynamiken von Übertragungen und Rückübertragungen wirksam sein. Da sich der wissenschaftliche Fortschritt, Innovationen und Paradigmenwechsel häufig an den Schnittstellen verschiedener Wissensbereiche und Forschungskulturen ergeben, ermöglicht es die interdisziplinäre Begriffsgeschichte, die Dialektik der differenziellen Wissens(re)produktion in ihren historischen und kulturellen Zusammenhängen zu erfassen.

Zur Untersuchung der Disziplinen reicht es nicht, einen unhistorischen Disziplinenbaum zur Grundlage zu nehmen. Ihre Grenzen verschieben sich historisch permanent, weshalb eine interdisziplinäre Begriffsgeschichte in besonderer Weise kontextsensibel arbeiten und der Einbindung der Begriffe in Wissenspraktiken besondere Beachtung schenken muss. Man kann sich also nicht darauf beschränken, die Wanderung der Begriffe durch die Disziplinen und Kulturen nachzuzeichnen, es kommt zugleich darauf an, wechselnde Führungsrollen (Leitdisziplinen), Registerwechsel und Terrainverschiebungen zu analysieren und zu fragen, welchen Status eine Wissenschaft, ein Diskurs, eine Institution, ein bestimmtes Verbreitungsmedium zu einer Zeit innehatte. Interdisziplinarität bedeutet auch nicht, alle sogenannten Disziplinen als bloßes Erkenntnisgebiet anzusehen. Das zeigt sich besonders gut an Rhetorik, Pädagogik, Recht oder Politik, die eher den Modus oder ›Verkehrswert‹ von Begriffen ausmachen als deren Bedeutung im engeren Sinne. Es bedarf daher zunächst einer Charakterisierung solcher Disziplinen oder Diskurse, bevor eine Zuordnung erfolgt. Besonders im 20. Jahrhundert werden *Prozessbegriffe* interessant, die im Zuge der Subsumierung von Begriffen und Phänomenen unter die Logik eines semantischen Teilsystems diskutiert werden. Prozessbegriffe wie Ästhetisierung, Politisierung, Verrechtlichung, Moralisierung etc. markieren solche Diskussionen, bei denen es zugleich um die Legitimität oder Nichtlegitimität von Übertragungen geht.

Selbst der Begriff der Interdisziplinarität ist historisch zu verorten und wissenschaftspolitisch keineswegs neutral. In Deutschland gewann er, zunächst als kritischer Begriff, seit den 1970er Jahren an Bedeutung. Mit der Hinwendung zur Interdisziplinarität reagierte man auf die zunehmende Vergesellschaftung des Wissens und die wachsende Bedeutung der Naturwissenschaften, wie sie im Stichwort der Wissensgesellschaft ihren Ausdruck findet. Semantisch drückt sich diese Wende in der neuen methodischen Selbstbezeichnung einer »Kulturgeschichte« von Begriffen (cultural history of concepts) aus (Parnes/Vedder/Willer 2008; Grober 2010). Auch die auf die Globalisierung reagierende, vergleichend vorgehende Begriffsgeschichte führt auf neue Weisen unterschiedliche Wissenschaften, vor allem Regionalwissenschaften, zusammen. Gerade in den wissenschaftspolitischen Diskursen begleitet der Begriff der Interdisziplinarität aber auch Prozesse der neoliberalen Verflüssigung und Verwertbarkeit vor allem anwendungsbezogener Wissenschaften. Ein gegenwärtig in den Geistes- und Kulturwissenschaften zu beobachtender regressiver Trend, die disziplinären Grenzen erneut aufzurichten (etwa unter dem Stichwort der Rephilologisierung), kann allein deswegen nicht die Lösung sein, weil das wissenschaftliche Instrumentarium hinter den historischen Gegenständen zurückbliebe.

In historischer Perspektive erweist sich der interdisziplinäre Ansatz als besonders fruchtbar seit Beginn des Zeitraums, in dem sich die (Natur-)Wissenschaften von der Philosophie lösten und ihre eigenen Grundbegriffe ausprägten. Im gleichen Zuge wie die Philosophie als Universaldiskurs, als Ort der Einheit der ›littera universalis‹, zurücktritt, die methodische Grenze zwischen Naturwissenschaft und Geistesgeschichte dominant wird und die positiven Wissenschaften ein stärkeres Gewicht bekommen, kann die Geschichte vieler Begriffe nur noch interdisziplinär rekonstruiert werden. Die Begriffe werden fachwissenschaftlich geschärft und zersplittert, durch disziplinäre Übertragungen und ihre Verbindung mit Alltagsdiskursen zugleich aber auch unschärfer und metaphorischer. Zu den Konsequenzen gehört, dass mit ein und demselben Begriffswort in verschiedenen, mitunter isolierten wissenschaftlichen Disziplinen Unterschiedliches bezeichnet werden kann, Begriffe und Konnotationen von den Wissenschaften in einen universalen Interdiskurs übernommen werden oder althergebrachte philosophische Begriffe in den Einzelwissenschaften spezifische Bedeutungen erhalten.

Durch die interdisziplinäre Öffnung der Begriffsgeschichte verkomplizieren sich die methodischen Probleme enorm. Statt politisch-sozialer Begriffe rücken die generelle Politizität der Begriffe und die (politische) Macht von Wissen, statt des philosophischen Universalismus die Zirkulation der Begriffe in verschiedenen Disziplinen, statt isolierter Metaphern die ubiquitäre metaphorische Dimension, statt der disziplinären Rhetorik die grundlegende Rhetorizität begrifflicher Strategien in den Blick. Methodische Innovationen wie die Einbeziehung von Diskurs- und Medientheorie, kulturellen Praktiken und ikonischen Semantiken sind dann unerlässlich. Indem solchermaßen Methoden einer kulturwissenschaftlich erweiterten Philologie und Mediologie auch auf die Sprache der Naturwissenschaften angewandt werden, kann der fortwirkende Methodendualismus zwischen Natur- und Geisteswissenschaften von beiden Seiten her unterlaufen werden. Vor allem die jüngere Wissenschaftsgeschichte hat gezeigt, dass auch die Fakten der (Natur-)Wissenschaften, auf die sich deren Begriffe beziehen, historisch in theoretischen und praktisch-experimentellen Prozessen erzeugt und an Materialitäten gebunden sind. Deswegen reicht es nicht aus, den *linguistic turn* für die Begriffsgeschichte der naturwissenschaftlichen Disziplinen zu wiederholen. Je größer das Einzugsgebiet interdisziplinärer Studien ist, umso wichtiger werden einerseits Fragen nach den besonderen Voraussetzungen der eigenen Disziplin, andererseits Fragen nach den speziellen Kenntnissen und Methoden, die darüber hinaus erworben werden müssen.

Um die heterogenen, auf Geschichte, Sprache, Gesellschaft und Politik bezogenen Theorievorgaben der Begriffsgeschichte zu überwinden, gab es verschiedene Versuche der Vereinheitlichung der terminologischen und methodischen Basis der Begriffsgeschichte; als synthetische Oberbegriffe wurden unter anderem Typ, Kollektivsymbol, Interdiskurs und Figur vorgeschlagen. Den aus der wissenssoziologischen Tradition stammenden Begriff des Typs etwa hat Hans Ulrich Gumbrecht als Alternative zum Begriff der Bedeutung zu profilieren versucht. Eine Forschergruppe um den Diskurstheoretiker Jürgen Link verband mit der Entwicklung der Kollektivsymbolforschung das Interesse einer Integration der auseinandergetretenen Forschungen vor allem sozial-, diskurs-, mentalitäts- und kulturgeschichtlicher Provenienz. Um eine interdisziplinäre und terminologische Konvertibilität zu erreichen, wurde nach einer möglichst eindeutigen struktural-funktionalen Definition gesucht, die sämtliche Figuren der Bildlichkeit (wie Symbol, Allegorie, Emblem, Bild, Sinnbild, Sprachbild, Imago, Archetyp, Modell, Vergleich, Gleichnis, Topik, Metapher, Katachrese) vereinheitlichen sollte (vgl. Link/Gerhard/Drews 1985: 256-375). Als Oberbegriff wurde der Begriff des Symbols vorgeschlagen. Dem Kollektivsymbol korrespondiert die wesentlich von Jürgen Link geprägte Unterscheidung von *Interdiskurs* und Spezialdiskurs. Der Interdiskurs koppelt an mehrere Spezialdiskurse und Fachsprachen an (Informationsdiskurs, Verkehrsdiskurs u.a.), er löst aus ihnen Sinnschemata und Bilder heraus, die dann einem allgemeinen Diskurs, also zum Beispiel der politischen Semantik, als Quelle dienen können (siehe Kap. 8). Begriffe, die den Spezialdiskurs verlassen und in verwässerter Bedeutung in die Alltagssprache eingedrungen sind, nannte Uwe Pörksen ›Plastikwörter‹.

Die Erwartungen in Bezug auf eine Vereinigung verschiedener Ansätze zur Begriffsgeschichte und Historischen Semantik haben sich allerdings weder in diesen noch in anderen Fällen ganz erfüllt, was nicht zuletzt daran lag, dass die vorgeschlagenen Lösungen zugleich neue Probleme mit sich brachten. Die Ersetzung des Begriffs der Bedeutung durch den Begriff des Typs wirft zum Beispiel die Fragen auf, wie sich ein ›Typ‹ (im Unterschied zu einem Wortkörper) dingfest machen und wie sich der ›Typenwandel‹ (als Veränderung kollektiver Beziehungsrelationen) fassen lässt. Im Fall der Kollektivsymbolforschung erwies sich der vorgeschlagene Oberbegriff des Symbols oft als zu allgemein, denn einzelne Fallanalysen kommen nicht ohne Binnendifferenzierungen zwischen verschiedenen Formen der Bildlichkeit (Metapher, Sinnbild, Vergleich) aus. Die Versuche einer Vereinheitlichung machen jedenfalls deutlich, dass sich die auf den benachbarten Feldern entwickelten Begriffe nicht umstandslos durch andere ersetzen lassen, denn die jeweiligen Begriffe erhalten ihren Sinn im Rahmen bestimmter Fragestellungen und Methoden, der bei der Übertragung oder Verallgemeinerung verloren geht oder nivelliert wird.

Zusammenfassend lässt sich sagen, dass es bei der interdisziplinären Begriffsgeschichte weder um ein normatives Konzept noch um die Etablierung einer Metasemantik geht, mit der jenseits oder über die Begriffsgeschichten die verschiedenen Disziplinen zusammengeführt werden sollen, sondern um die Untersuchung historischer Austausch- und Wanderungsprozesse. Es kommt also darauf an, die verschiedene Disziplinen und Felder verschaltenden Diskurse selbst zu betrachten und die in ihnen thematisierten Einheiten zu untersuchen.

4. Wort – Begriff – Bedeutung – Grundbegriff. Wie viel Theorie braucht die Begriffsgeschichte?

Wer sich mit Begriffsgeschichte befasst, steht unweigerlich vor der Frage, was denn eigentlich der Begriff sei, dessen Geschichte geschrieben werden soll. Es kursieren darüber hinaus in der Begriffsgeschichtsforschung eine Reihe von methodischen Bestimmungen, die entweder der Alltagssprache oder unterschiedlichen Theoriesprachen entstammen und die, verwendet man sie in einem einzigen Zusammenhang, kaum kohärent zu machende, teils geradezu gegensätzliche Bedeutungen haben: Wort, Terminus, Begriffswort, Bedeutung, Bedeutsamkeit, Semantik, Sache, Signifikat und Signifikant, parole und langue. Hinzu kommt, dass es zwar eine ganze Reihe von Stichwörtern gibt, die sowohl von Historikern wie von Philosophiehistorikern behandelt werden (Freiheit, Säkularisierung, Staat u.a.), doch ist das, was in der philosophischen Begriffsgeschichte unter ›Begriff‹ verstanden wird, oft nicht identisch mit dem, was Historiker darunter verstehen.

Die Begriffsgeschichte wurde zunächst in den und für die Wissenschaften entwickelt, die den historischen Gebrauch von Begriffen untersuchen. Dabei kann es um die Geschichte von *Termini*, also um definierte Benennungen eines Begriffs in einer Fachsprache gehen. Die meisten Artikel des *Historischen Wörterbuchs der Philosophie* sind am Wort orientierte *Terminologiegeschichten*, also eine Abfolge möglichst präziser qualitativer Bestimmungen, wobei deren kommunikative Funktion, die Reichweite des Begriffs und der außertheoretische Kontext keine Rolle spielen. In der Geschichtswissenschaft wurde die Begriffsgeschichte zunächst bemüht, um bei der Analyse einer historischen Zeit zwischen Quellen- und Metasprache zu unterscheiden. Schwierigkeiten ergeben sich, wenn Begriffe zugleich als allgemeine und als privilegierte Form der allgemeinen politischen, sozialen und kulturellen Erfahrung unterstellt werden. Das ist mit Ausblendungen verbunden, funktioniert aber so lange ganz gut, wie die Philosophie und die Geistes- und Sozialwissenschaften als repräsentativer Ort der Erfahrung angesehen werden. Komplizierter wird es, wenn dieser Gegenstand als ›Höhenkammliteratur‹ in die Kritik gerät und an seine Stelle andere Quellen – bis hin zu volkstümlichen Kartenspielen, Flugblättern, Liedern oder Parlamentsreden – treten. Aber findet man hier ein vergleichbar begriffsförmiges, mit diagnostischem Anspruch verbundenes Wissen wie in einer theoretischen Schrift von Rousseau, Hegel oder Marx? Es ist kein Zufall, dass sich mit der Veränderung des Gegenstandes und der Methode auch die Bezeichnung der Wissenschaft änderte und statt von Begriffsgeschichte von Historischer Semantik gesprochen wurde.

Die Begriffsgeschichte bewegt sich in dem Dilemma, dass sie einerseits die historischen Verwendungsweisen von Begriffen zunächst einmal als Gegenstand ernst nehmen muss, andererseits aber selbst ein bestimmtes, aus einer bestimmten Perspektive geprägtes Interesse an Begriffen hat. Beim Umgang mit diesem wissenschaftshistorisch gewachsenen Problem haben sich zwei hauptsächliche Herangehensweisen herausgebildet, die sich kaum ganz zur Deckung bringen lassen. Die *eine* Herangehensweise ist, den Gegenstand enorm zu erweitern. Im Zentrum der Aufmerksamkeit stehen dann nicht mehr nur Begriffe, vielmehr bildet die gesamte *Kommunikation*, der ›pralle Horizont der Bedeutungen‹ (Knobloch) und ihre Logik, den Gegenstand der Untersuchung. Hier ist dann zu untersuchen, welche Unterscheidungen im Diskurs selbst thematisiert werden. Begriffsgeschichte wird so als eingeführter und renommierter Name für eine Methode weitergeführt, die eigentlich nicht auf die Geschichte der Begriffe zielt. In der *anderen* Herangehensweise wird ein funktionaler, nämlich auf ein bestimmtes Erkenntnisinteresse zugeschnittener Begriff des Begriffs entfaltet. Es werden Ausschnitte, bestimmte Formen der Kommunikation (Diskurse, Disziplinen) untersucht. Die Philosophie wäre ein solcher Kommunikationszusammenhang, ebenso die Rhetorik (als Disziplin, nicht als Praxis) oder das ästhetische Denken. Einen solchen funktionalen, nämlich auf die Analyse der Form politisch-sozialer Sprache (in der Sattelzeit) zugeschnittenen Begriff des Begriffs hat Reinhart Koselleck entwickelt und versucht, beide Seiten zu verbinden. Seine Überlegungen sind umstritten, sie sind aber zugleich hochreflektiert.

Die *eine* Herangehensweise der Begriffsgeschichte besteht darin, die innerdiskursive Thematisierung dessen, was innerhalb des jeweiligen Diskurses als Begriff, Sprache oder Sache angesehen wird, zu ihrem Gegenstand zu machen. Metatheoretische Überlegungen können sich auf diese Weise erübrigen. Es ist innerhalb der Philosophiegeschichte selbst umstritten – und kann nicht metatheoretisch vorentschieden werden –, inwieweit Begriffe eine Sachdimension haben, also im Koselleck'schen Sinne Indikatoren geschichtlicher Prozesse sind. Ein von dem Idealisten Johann Gottlieb Fichte entworfener Begriff hat einen ganz anderen ontologischen Status als ein Begriff in einer materialistischen oder existenzialistischen Theorie. Für die Begriffsgeschichte macht es einen Unterschied, ob ein Begriff in den Naturwissenschaften als Instrument interpretiert wird, im politischen Diskurs als Kampfbegriff eingesetzt wird oder ob eine marxistische Theorie davon ausgeht, dass Begriffe Widerspiegelungen einer objektiven Realität sind. Dieser unterschiedliche ontologische Status eines Begriffs, der in der Geschichte nicht selten grundlegende Streitpunkte evoziert, darf nicht metatheoretisch eingeebnet werden.

Für die meisten Philosophien seit der Antike, die in diesem Sinne als bestimmter Kommunikationszusammenhang betrachtet werden können, zeigt sich, dass sie ihr Wissen in einer konzeptuellen Form gefasst haben. Begriffe eröffnen den Zugang zur Wissens- und Wissenschaftsgeschichte unterschiedlichster Traditionen. Das deutsche Wort Begriff ist zwar erst eine späte, von dem Aufklärungsphilosophen Christian Wolff vorgenommene Übersetzung von ›idea‹; von dem Verb ›begreifen‹ abgeleitet, hat es eine haptische Dimension. Unter ›Begriff‹ kann dann Verschiedenes verstanden werden, und es lassen sich eine ganze Reihe von (durchaus zutreffenden) Charakterisierungen von Begriffen ausmachen, die aber innerhalb der Historischen Semantik nicht methodisch, sondern nur als Befund wichtig sind. Sie deuten darauf hin, dass ›Begriff‹ in den zu untersuchenden Diskursen ein selbst thematisierter, wenn auch höchst unterschiedlich bestimmter Ausdruck ist: Dazu gehört die Bestimmung, dass Begriffe allgemein oder eine Abstraktion sind; dass sie das kulturelle Gedächtnis bilden (Ian Hacking) oder ›Denkmäler von Problemen‹ (Adorno) sind; dass Worte Segel sind: »Wie sie gesetzt werden, das macht sie zum Begriff« (Benjamin 1983: 591); dass sie eine menschliche Leistung zur *Entlastung* unter den Bedingungen der Reizüberflutung sind (Arnold Gehlen); dass sie gesellschaftliche Verhältnisse ausdrücken und deswegen zur Verselbständigung neigen (Marx); dass sie – im Unterschied zu Propositionen – weder wahr noch falsch sind; dass es sich bei ihnen um Unterscheidungswissen handelt (Hampe 2008; Gabriel 2010).

Demgegenüber gibt es eine normative Bestimmung des Begriffs, die den Blick auf die Geschichte versperrt und in der Begriffsgeschichtsforschung nur auf der Ebene des Untersuchungsgegenstands eine Rolle spielt. Es handelt sich um die Auffassung, dass es sich bei Begriffen entweder nur um wahrheitsfähige und rational begründete Aussagen handelt oder dass Begriffe sich durch einen eindeutigen Referenten auszeichnen. Bei dem Logiker Gottlob Frege, bei dem ›Semantik‹ der Oberbegriff für die Erforschung der Beziehungen zwischen Zeichen und Bezeichnetem ist, wird mit ›Bedeutung‹ der Referent eines Begriffs, also dasjenige bezeichnet, worauf er sich in der Realität bezieht. Damit werden Festlegungen getroffen, die für die Begriffsgeschichte eher hinderlich sind, denn in der Praxis ist die Begriffsgeschichte gerade auch an den Dimensionen des Begriffs interessiert, von denen Freges Klarheit verheißende Definition sie reinigen will. Natürlich ist der Wahrheitsanspruch der Philosophie auf der Objektebene ernst zu nehmen, aber seit Nietzsche wissen wir, dass die Mehrdeutigkeit bzw. Uneindeutigkeit von Begriffen aus ihrem historischen, kontingenten Gewordensein, aus den kompetitiven oder agonalen Beziehungen der Begriffsverwender und nicht zuletzt aus Übertragungen resultieren. Die Begriffe der Begriffsgeschichte fügen sich dem normativen Verständnis oft nicht.

Zu den höchst umstrittenen Themen der Begriffsgeschichtsforschung gehört die Frage, wie sich *Wort* und *Begriff*, wie sich die Geschichte von Sprache allgemein und Begriffsgeschichte zueinander verhalten und ob sich beide überhaupt sinnvoll unterscheiden lassen. Die Beantwortung der Frage trennt oftmals Sprachwissenschaften und Begriffsgeschichte, weil es aus Sicht ersterer auf der Sprachebene keine Klasse (höher aggregierter) Begriffe gibt, die sich von Wörtern unterscheiden ließe. Angesichts von Titeln wie »Historisches Wörterbuch der ... Begriffe«

entsteht tatsächlich eine Unschärfe, ob es sich bei diesen Werken nun um ein Wörter- oder um ein Begriffslexikon handelt. Das Wort ist zwar oft Gegenstand und meist der Leitfaden, sein Status aber wird im Unterschied zu dem des Begriffs nur äußerst selten thematisiert. Ein Grund für die Schwierigkeit der genaueren Unterscheidung von Wort und Begriff besteht darin, dass beide in der Alltagssprache zwar differenziert, aber nicht eindeutig verwendet werden. Wenn man ›um Begriffe streiten‹, andererseits aber etwas als bloßen ›Streit um Worte‹ abtun kann, dann erscheint hier in der Sprache selbst eine Differenz. »Der Streit um Worte meint einen Streit, der nicht die Sache, sondern das Wort, also den sprachlichen Ausdruck betrifft.« (Gabriel 2019: 38) Dennoch kann man sowohl von der Bedeutung des Wortes wie der des Begriffs sprechen, mitunter aber fallen Bedeutung und Begriff auch weitgehend zusammen. Wenn sich auch viele Begriffsgeschichten vornehmlich am Wort orientieren, dann wohl deswegen, weil das Wort (und seine grammatikalische Form) ein materielles, akustisch (Laut) oder optisch (Schrift) identifizierbares Zeichen ist. Beides, Laut- und Schriftverschiebungen wie Veränderungen der grammatischen Form, können begriffsgeschichtlich relevant werden, wenn sie die Bedeutung betreffen: etwa im Falle von Substantivierungen von Adjektiven oder Reflexivbildungen von Substantiven (z.B. Historie – Historizität). Im Alltagsverständnis sind Begriffe vor allem mit Nomen (Substantiven) verbunden; es sind aber auch Begriffe möglich, die keine Nomen sind.

Die Überschneidung von Wort und Begriff tritt vor allem durch die mit beiden gleichermaßen verbundene *Bedeutung* auf – ein notorisch unklarer Begriff. Die Schwierigkeit besteht vor allem darin, dass in der Vorstellung situierte Bedeutungen sich der Beobachtung entziehen würden. Heute hat sich sowohl in der Linguistik als auch in der Begriffsgeschichtstheorie ein Verständnis von ›Bedeutung‹ durchgesetzt, das vom Gebrauch, also von der Praxis ausgeht (Fritz 1998: 13). Bedeutungen haben weder psychische noch physikalische Eigenschaften, sondern es sind im Gebrauch von Zeichen sich manifestierende Regelmäßigkeiten. Nach Ludwig Wittgenstein ›haften‹ Bedeutungen nicht an Wörtern, sie bekommen ihren ›Wert‹ auch nicht in Relation zu anderen Wörtern, sondern sie sind Regeln im Gebrauch von Wörtern. »Die Bedeutung eines Wortes ist sein Gebrauch in der Sprache.« (Wittgenstein 1953/2001: § 43) Diese Betrachtungsweise hat den Vorteil, dass man den Gebrauch der Sprache beobachten kann, während Vorstellungen für den Beobachter unzugänglich sind. Die allermeisten begriffshistorisch Arbeitenden sind sich darin einig, dass Bedeutungen und Begriffe nicht den Dingen selbst zukommen, Wissenschaftshistoriker wie Hans-Jörg Rheinberger rechnen allerdings auch mit in Dingen verkörperten, vergegenständlichten Bedeutungen und operieren dann mit analytischen Konzepten wie dem des hybriden ›epistemischen Dings‹, bei dem zwischen Objekt und Begriff (z.B. Gen, Atom) gar nicht genau geschieden werden kann (Rheinberger 2008).

Für eine historische und speziell für eine kulturwissenschaftlich interessierte Semantik drängt sich die Frage auf, ob Bedeutungen nur gebunden an Sprache im engeren Sinne und deren Bezeichnungsfunktion existieren. Das ist natürlich nicht der Fall. Insbesondere Bilder, ikonografische Zeugnisse allgemein, Gesten, Rituale, auch Diagrammatiken, Praktiken etc. haben Bedeutungen, die sich semantisch explizieren lassen. Diese universelle Anschlussfähigkeit der Begriffsgeschichte und Historischen Semantik an andere kulturelle Formen als die Sprache macht sicher einen Teil ihrer Attraktivität aus. Die Historische Semantik als Wissenschaft übersetzt in verschiedenen Formen und Medien übermittelte historische Bedeutungen ins Medium der Sprache. Die Sprache ist dabei das Medium, in dem Bedeutungen und

Bedeutungsunterschiede auf distinkte Weise reflektiert und verglichen werden können. Umgekehrt gehen Sprache und Bedeutungen anderer Medien nicht vollständig ineinander auf, mitunter folgen sie (wie die Ikonologie zeigt) auch einer anderen historischen Logik.

Dass Wort und Begriff nicht identisch sind, kann man auch der Tatsache entnehmen, dass mehrere Wörter oder stabile Wortkombinationen, sogenannte *Ausdrücke*, einen Begriff bilden können: Beispiele aus der Ästhetik sind ›System der Künste‹ oder ›Sprache der Kunst‹. Geht es in der Untersuchung um die prägnante oder stabile Koppelung eines Wortes bzw. Ausdrucks mit einem Begriff, spricht man – nicht ganz sauber – auch vom *Begriffswort*. Dabei ist das Verhältnis zwischen Wort bzw. Ausdruck und Bedeutung arbiträr und beruht auf Konventionen. Ein und derselbe Begriff kann unterschiedlich bezeichnet werden (*Synonymie*), auch wenn es, streng genommen, keine wirklichen Synonyme gibt, weil scheinbar gleichbedeutende Wörter sich zumindest in ihren Konnotationen unterscheiden. Eine einzige Bezeichnung kann umgekehrt Unterschiedliches bezeichnen (*Homonyme*). Bei der Homonymie wie auch bei der Polysemie handelt es sich um Äquivokationen (Mehrdeutigkeiten), wobei für die (interdisziplinäre) Begriffsgeschichte überhaupt nur Fälle solcher gleichlautender Wörter für unterschiedliche Begriffe auffällig und interessant werden, die einen sachlichen, zum Beispiel sprachgenetischen Zusammenhang aufweisen (*Polysemie*); bloß gleichlautende Wörter unterschiedlicher Bedeutung ohne sprachgenetischen Zusammenhang sind kaum von Interesse. Ähnliches wie für die Synonyme gilt für *Übersetzungen*, denn adäquate Wort-zu-Wort-Übersetzungen sind – mit Ausnahme normierter Fachsprachenübersetzungen – kaum möglich (Cassin 2004, 2014). Streng genommen ließe sich wegen fehlender Übersetzungsmöglichkeit nur von unterschiedlichen, gar nicht aufeinander beziehbaren Begriffen sprechen, aber auch hier hat die Begriffsgeschichtsforschung nicht allein vom Resultat, sondern auch von der pragmatischen Dimension auszugehen: Sie kann den (je historischen) Akt oder die Anstrengung, einen Begriff in eine andere Sprache zu übersetzen, selbst als Moment der Kontinuität ansehen.

Die Begriffsgeschichte unterstellt, dass Wörter und Bedeutungen gewöhnlich im Begriff oder Begriffswort zusammenfallen. Doch eine Geschichte ist nur deswegen möglich, weil beide Seiten in der Begriffspraxis auch getrennt werden können. In der Kommunikation kann zum Beispiel ein Begriff zu einem entleerten Schlagwort werden, dessen Bedeutung weitgehend unexpliziert bleibt, es kann aber auch der – wiederum in Worten fassbare – Bedeutungsgehalt eines Begriffs ohne das zugeordnete Wort oder auch mit einem anderen Wort verwendet werden. Ob Bedeutung und Wort zusammenfallen oder arbiträr sind, ist für die Begriffsgeschichte eine Frage der kommunikativen Praxis. Die Begriffsgeschichte rechnet in ihrer Praxis mit der Spannung oder dem Auseinandertreten beider Seiten. Das ist der Grund dafür, warum Begriffsgeschichte von einer reinen Wortgeschichte zu unterscheiden ist und immer beides betreibt: *onomasiologisch* die Bezeichnungen und *semasiologisch* die Bedeutungen untersucht. In den Vereinseitigungen stecken die Gefahren: Reine Semasiologie wird zur Ideengeschichte, reine Onomasiologie zur Wort- oder Sachgeschichte.

Die Nähe von Wort und Begriff, zumal wenn sie beide als Momente der Kommunikation gefasst werden, hat Begriffshistoriker und Begriffshistorikerinnen dazu gebracht, die *Begriffsgeschichte* von der *Historischen Semantik* nicht von der Sache her, sondern nur praktisch zu unterscheiden. Die Begriffsgeschichte liefert dann eine verkürzte Darstellung dessen, was die mikrologischen Analysen der Historischen Semantik genauer erforschen.

Mitunter wird auch gesagt, man solle pragmatisch am Terminus Begriffsgeschichte festhalten, auch wenn es um weit mehr als um Begriffe gehe.

Reinhart Koselleck war allerdings tatsächlich der Auffassung, dass es sich bei den von ihm untersuchten Begriffen bzw. Grundbegriffen nicht um kognitive Einheiten handelt, sondern um eine bestimmte Klasse von Wörtern, und zwar Wörtern von besonderer Bedeutung in historischer und pragmatischer Hinsicht. Diese *andere* Herangehensweise kann man durchaus von der politisch-sozialen Kommunikation und der besonderen Funktionalität dieser Grundbegriffe her verstehen. Der Unterschied zwischen Wörtern und Begriffen liegt für Koselleck zunächst in der jeweiligen Form der Mehrdeutigkeit. Kosellecks Formulierung ist kompliziert: »Ein Wort kann eindeutig werden, weil es mehrdeutig ist. Ein Begriff dagegen muß vieldeutig bleiben, um Begriff sein zu können. Der Begriff haftet zwar am Wort, ist aber zugleich mehr als das Wort.« (Koselleck 1972: XXII) Verschiedene, gleichsam aufgesplittete Bedeutungsmöglichkeiten von Wörtern können nach Koselleck durch Definition vereindeutigt werden. Begriffe dagegen sind solche Wörter, bei denen eine Vereindeutigung nicht gelingt. Sie weisen eine »Bedeutungsfülle« auf. Begriffe sind immer mehrdeutig, da sie »Konzentrate vieler Bedeutungsgehalte« darstellen. »Wortbedeutungen und das Bedeutete können getrennt gedacht werden. Im Begriff fallen Bedeutung und Bedeutetes insofern zusammen, als die Mannigfaltigkeit geschichtlicher Wirklichkeit in die Mehrdeutigkeit eines Wortes so eingeht, daß sie nur in dem einen Wort ihren Sinn erhält, begriffen wird.« (Ebd.: XXII) Der Begriff »bündelt die Vielfalt geschichtlicher Erfahrung und eine Summe von theoretischen und praktischen Sachbezügen in einem Zusammenhang, der als solcher nur durch den Begriff gegeben ist und wirklich erfahrbar wird« (ebd.: XXIII). Vieldeutig sind Begriffe für Koselleck vor allem deswegen, weil in sie historisch heterogene Erfahrungen eingegangen sind. Aufgrund ihrer unauflösbaren Vieldeutigkeit können Begriffe nicht definiert, sondern nur interpretiert werden. Insofern sind Begriffe abgekürzte »Chiffren« oder »Abbreviaturen« für heterogene Bedeutungen und Argumentationen. Eine solche Bündelung und Diagnose von »konkreten Lagen«, wie noch der späte Koselleck sehr schmittianisch sagt, unterscheiden Begriffe dann auch von Ideen. Bezogen auf ›Staat‹ konstatiert Koselleck, dass dieser Begriff viele verschiedene, im Einzelnen nicht umstrittene Bedeutungen (etwa Gebiet, Grenze, Bürgerschaft, Justiz, Militär, Steuer und Gesetzgebung) zusammenschließe. Mit Bezug auf eine bestimmte historische Lage können durch philosophisch-theoretische Synthetisierungen jeweils verschiedene Aspekte herausgehoben werden. Es entstehen dann Uneindeutigkeiten, wobei die Veränderung eines Bestandteils oftmals den Gesamtbegriff verändert.

Der Unterschied zwischen Wort und Begriff im Koselleck'schen Sinne lässt sich auch am Beispiel von ›Revolution‹ verdeutlichen. Schlägt man heute im deutschsprachigen *Duden* das Wort Revolution nach, findet man vier Bedeutungen aufgelistet: *Erstens* »auf radikale Veränderung der bestehenden politischen und gesellschaftlichen Verhältnisse ausgerichteter, gewaltsamer Umsturz[versuch]«. Beispiele sind »die Französische Revolution«, »eine Revolution findet statt, bricht aus«, »(in übertragener Bedeutung:) die industrielle Revolution«. *Zweitens* »eine tief greifende Wandlung; umwälzende, bisher Gültiges, Bestehendes o. ä. verdrängende, grundlegende Neuerung«; Beispiel: »eine Revolution in der Mode«. *Drittens* »Umlaufbewegung der Planeten um die Sonne« (angegeben als veraltet, aus der Astronomie). *Viertens* im Skat ein »Null ouvert Hand, bei dem die gegnerischen Spieler die Karten austauschen«.

Was der *Duden* hier gleichberechtigt als vier unterschiedliche, aber bestimmbare Bedeutungen für das Wort Revolution anbietet, stellt sich unter begriffsgeschichtlicher Perspektive und nach Koselleck anders dar. Während für das Sprachwörterbuch der Oberbegriff ›Umsturz‹ sein soll, kommt die historische Analyse Kosellecks umgekehrt zu dem Befund, dass ›Revolution‹ vielmehr den für die Ereignisse nicht mehr angemessen scheinenden ›Umsturz‹ ersetzt hat. Die Französische Revolution ist zudem nicht einfaches Beispiel für diesen Revolutionsbegriff, sondern das paradigmatische Ereignis, das den Revolutionsbegriff seitdem prägt. In Begriffen sind Wörter und historische Sachverhalte miteinander verbunden (siehe Kap. 5). Was im *Duden* so friedlich zum Beispiel geronnen ist, ist jedes Mal Gegenstand und Resultat politisch-semantischer Kämpfe: Ist ein bestimmtes Ereignis eine Revolution, nur eine Revolte, Bürgerkrieg, Terrorismus? Auch werden die bürgerliche Revolution und die Revolutionierung aller Verhältnisse, die der *Duden* getrennt aufführt, in der Sprachpraxis begrifflich meist im Zusammenhang gefasst. Kants ›Denkart der Revolution‹ etwa ist so mehrdeutig und politisch, dass von einer einfachen Metaphorik kaum gesprochen werden kann. Die dritte, astronomische und als veraltet angeführte Bedeutung im *Duden* aber würde zur Vorgeschichte gehören und auf einen signifikanten Bruch in der Sattelzeit hindeuten, weil der kreisförmige Umlauf sich gleichsam öffnet und in offenen Fortschritt übergeht. Die vierte angeführte Bedeutung aus dem – während der Revolutionsperiode entstandenen – Skatspiel schließlich lässt sich heute kaum noch rekonstruieren. Zwar gibt auch der *Duden* knappe Hinweise auf Veränderung und Art der Wortbedeutung (›veraltet‹, ›übertragen‹), aber es wird deutlich, dass Lexikografie und Begriffsgeschichte verschiedene Ansätze verfolgen.

Die synthetische Funktion des Begriffs, sowohl die von Anschauung und Begriff (wie Koselleck mit Kant sagt) als auch die einzelner Bestimmungen, bedingt ihre Umstrittenheit, die für Koselleck ein Kennzeichen politisch-sozialer Begriffe ist. Ermöglicht wird sie durch deren Uneindeutigkeit (mitunter wird auch von Vagheit oder Familienähnlichkeit gesprochen). Auch für die Bestimmung der Koselleck interessierenden *Grundbegriffe* ist es die bestimmte kommunikative Form, die sie auszeichnen. Ein erstes Merkmal von Grundbegriffen ist, dass sie für die Wahrnehmung und Deutung der sozialen und politischen Wirklichkeit unverzichtbar sind. Daraus erwächst als zweites Unterscheidungskriterium ihre Umstrittenheit. Denn Mitglieder einzelner Sprechergruppen heben bei ihrem Bemühen, ihren Interessen Geltung zu verschaffen und ein Deutungsmonopol durchzusetzen, unterschiedliche Bedeutungsdimensionen eines Begriffs hervor. Von einem Grundbegriff spricht Koselleck deswegen, wenn »alle konfligierenden Schichten und Parteien gemeinsam auf ihn angewiesen bleiben, um ihre unterschiedlichen Erfahrungen, ihre schichtenspezifischen Interessen, ihre parteipolitischen Programme miteinander zu vermitteln« (Koselleck 1992: VII). Man sieht an diesen Bestimmungen, wie sehr der Begriff des Grundbegriffs bereits auf die Moderne bezogen ist, denn er setzt eine starke Vergesellschaftung (Politisierung, Demokratisierung, Ideologisierbarkeit etc.) voraus. »Am Streit um Worte wird der Streit um die Grenzen verbindlicher gesellschaftlicher Definitionsmacht greifbar.« (Knobloch 1992: 12) Und auch der Referenzbezug der Begriffe erscheint hier anders als im logischen Begriffsverständnis. Begriffsgeschichte befasst sich also damit, wie Begriffe politisch eingesetzt werden, wie sie Wirklichkeit schaffen und gestalten (gerade auch indem sie vorgeben, sie lediglich zu bezeichnen). Weil Koselleck Begriffe ihrer kommunikativen Form nach bestimmt, lassen sich viele seiner Überlegungen auch auf Gegenstände übertragen, die herkömmlicherweise nicht dem Feld der Politik zugerechnet werden. So kann man philosophische oder Begriffe der Wissenschaftsgeschichte auf ihre diskursive und ihre politische Funktion hin befragen.

Ein anderer, insbesondere gegen Koselleck gerichteter Vorwurf war, dass sich Begriffe als Untersuchungseinheit nicht in der Form vereinzelt und isoliert betrachten lassen, wie das die Darstellungen in den großen Lexika suggerieren. Tatsächlich – und darüber ist sich Koselleck im Klaren, wenn er die Pragmatik betont – lassen sich Begriffe nur im Kontext, in Wortfeldern und Argumentationen untersuchen. Isolierte Begriffe haben in den seltensten Fällen eine Bedeutung, und doch geht die Begriffsgeschichte davon aus, dass Einzelbegriffe durchaus für sich sinnvoll zu untersuchende, sozusagen Knoten in der Kommunikation bilden. Bindet man die Wortbedeutung an den Gebrauch, dann ist auch klar, dass Bedeutungen (und Begriffe) nicht am einzelnen Wort ›haften‹, sondern an größere Einheiten gebunden sind: Diskutiert worden ist, ob die kleinste Einheit der Bedeutung (und des Begriffs) der Satz ist, ob sich Begriffe nur in einem *Wortfeld* erschließen lassen oder ein ganzer *Diskurs* untersucht werden muss. Die Erweiterungsmöglichkeiten sind, wie Koselleck zeigt, grenzenlos; sie können nur pragmatisch und durch das Erkenntnisinteresse begrenzt werden. Natürlich darf nicht vergessen werden, dass Wörter dann auch wieder in ihrer Einzelheit eine bestimmte, historisch und kulturell bedingte ›Färbung‹ annehmen können, so dass sie auch ohne sprachlichen Kontext Affekte auslösen und Bedeutungszuschreibungen erfahren. Für die Begriffsgeschichte sind daher sprachwissenschaftliche Untersuchungen der Veränderung von Einzelwörtern und der Gesetze ihrer Veränderungen (Bedeutungserweiterung, -verengung, -präzisierung etc.) keine Option.

Nach Adi Ophir ist der Begriff keine mentale, semantische oder logische Einheit, sondern (als Verbegrifflichung) ein Prinzip der diskursiven und performativen Tätigkeit (Ophir 2012: 5). Diese Beobachtung wendet Wittgensteins Gebrauchstheorie des Begriffs auf ihn selber an. Zum Begriff wird ein Wort demnach, wenn seine semantische Dimension thematisiert oder reflektiert wird, wenn gefragt wird, was mit ihm gemeint ist. Begriffe haben es also weder mit Definitionen noch mit fertigen Theorien zu tun. Sie sind in dieser Perspektive eine Formbestimmung der Kommunikation und weisen in stärkerem Maße als Wörter über sich hinaus, auf andere Begriffe. Der Philosoph Ulrich Dierse hat einen möglichen Grund für die gängige isolierte Behandlung von Begriffen genannt und das Verhältnis zwischen isolierten Wörtern und der semantischen Explikation verflüssigt: »Begriffe sind [...] nicht einzelne isolierte Wörter oder Wortverbindungen, sondern semantische Einheiten, in denen in Kurzform ganze Kontexte von Erfahrungen, theoretischen Annahmen, Problemen etc. zu einem sprachlichen Ausdruck zusammengefaltet sind. Sie können deshalb umgekehrt auch wieder zu Sätzen und ganzen Satzfolgen auseinandergefaltet werden. Es ist und war nur der Zwang der Aneinanderreihung in einem Lexikon, der zu dem Miss-/verständnis geführt hat, Begriffe stünden als vereinsamte Wörter oder Lemmata da und könnten als solche in ihrer geschichtlichen Entwicklung beobachtet werden.« (Dierse 2011: 58-59) Dennoch kann sich auch in der Kommunikation eine Tendenz der Atomisierung von Ausdrücken ausmachen lassen, so dass Begriffe – etwa als Schlagworte – tendenziell sogar zu kontextfreien Sinnträgern werden können.

5. Die Außenseite der Begriffe – Sachgeschichte und Begriffsgeschichte

Zu den im begriffsgeschichtlichen Diskurs selbst thematisierten Dimensionen von Begriffen gehören die der Sache und des Ereignisses. Die Begriffsgeschichte ist geradezu als die Geschichte der Beziehungen von Begriffen zu Wörtern und zu den historischen Sachverhalten bestimmt worden. Hans Erich Bödeker nennt das Verhältnis der Wörter zu den Sachen ein »epistemologisches Schlüsselproblem der historiographischen Begriffsgeschichte« (Bödeker 2002b: 107). Jörn Leonhard und Willibald Steinmetz verstehen Bedeutung in einem doppelten Sinne: »als Referenz auf Sachverhalte und Vorstellungen einerseits (semantische Dimension), als folgenreiche Verwendung im Kommunikationsfluss andererseits (pragmatische Dimension)« (Leonhard/ Steinmetz 2016: 10).

Zunächst ist festzuhalten, dass unter *Sachen* sehr Unterschiedliches gefasst werden kann, keinesfalls nur Dinge, sondern auch Verhältnisse, Texte, Sprachen einer anderen Ordnung etc. Bedeutungen mögen sich mit der Veränderung von Sachverhalten und Ereignissen wandeln; was aber als Semantik oder Bedeutung bezeichnet wird, unterscheidet sich von gegenständlichen Differenzen. Eine abstrakte philosophische Diskussion, ob es sinnvoll ist, von der ›Sache‹ zu reden, hat in der historischen Bedeutungsforschung eigentlich keinen Ort. Wenn in der Kommunikation sowohl auf die außersprachliche Realität wie auch auf Begriffe rekurriert wird, dann ist es weder sinnvoll noch nötig, von einer normativen Kommunikationstheorie her metatheoretische Bestimmungen vorzunehmen. Einerseits lässt sich eine Sachdimension nicht abstreiten, weil sich gerade die Debatte darum, was ein Begriff ist, immer auf ein ihm Äußerliches bezieht. Andererseits ist aber auch eine Trennung von Begriff und Sache nicht abstrakt feststellbar, weil sich am Diskurs selbst beobachten lässt, wie der Begriff erst konstituiert, was dann jeweils als Sache wahrgenommen wird. Die Begriffsgeschichte entwickelt ein besonderes Misstrauen oder Sensorium für eine nicht kritisch reflektierte Sachgeschichte, die ihre Gegenstände für unmittelbar gegeben hält.

Begriffsgeschichte hat also mit einem Paradox umzugehen: Einerseits hat sie heuristisch konsequent davon auszugehen, dass nicht nur die Begriffe, sondern auch deren Referenten erzeugt sind. Andererseits hat sie aber zugleich – und in einem radikaleren Sinne – in ihrer Praxis den jeweiligen ontologischen Status der Semantik zu thematisieren. Es ist daher heuristisch sinnvoll, bei der Begriffsgeschichte gewissermaßen ›Bohrungen von zwei Seiten‹ vorzunehmen. Begriffsgeschichte beobachtet den Rekurs (oder Nichtrekurs) auf Sachen oder Ereignisse als Teil der Semantik. Aus ihrer Perspektive kann alles zum Diskurs und zur Kommunikation werden; das Außen taucht nur als Grenze aus der Perspektive der Begriffe auf. Da die Begriffsgeschichte selbst keine Metaperspektive hat, verharrt sie in einer Art historischem Positivismus.

Der Begriff, mit dem es die Begriffsgeschichte zu tun hat, ist eine Abstraktion, die nur sinnvoll ist, wenn sie das Andere ihrer selbst mitdenkt. Es wird immer *etwas* begriffen, Begriffe existieren nie isoliert, sie sind verbunden mit Konkreta und Anschauungen, eingebunden in Praxen, und beziehen sich auf Nichtbegriffliches: auf etwas, was Sach- oder Ereignisgeschichte genannt wird. Begriffs- und Sachgeschichte, Sprachwandel und sozialer Wandel lassen sich nicht trennen. Die Paradoxie ist, dass das Andere der Sprache und des Begriffs, deren Einbindung in Kontexte und Ereignisgeschichten, sich oftmals wiederum nicht anders als in Sprache oder Begriffen fassen lässt und auch historisch nicht anders überliefert ist. Die Form der medialen Überlieferung und ihr ontologischer Status dürfen dabei allerdings nicht verwechselt werden.

Die Frage nach dem Referenten, also dem nichtsprachlichen Bezugsobjekt der Begriffe oder ihrem Realitätsgehalt, beantworten die verschiedenen Disziplinen zunächst unterschiedlich. Eine Begriffsgeschichte der Biologie scheint ohne das Modell des semiotischen Dreiecks (Begriff – Zeichen – Gegenstand) nicht arbeiten zu können. Doch mit der Entdeckung, dass auch Tatsachen ›kulturbedingt‹ (Ludwik Fleck) sind, stellt sich das Problem für die Wissenschaftsgeschichte noch einmal anders. Denn während die klassische Hermeneutik mit ihrer Annahme einer Trennung von Natur- und Geisteswissenschaften davon ausging, dass Semantiken und Sinngebungen nur bezogen auf Geschichte und Kultur wichtig sind, hat die Wissenschaftsgeschichte von Ludwik Fleck bis in die jüngere Zeit gezeigt, dass auch die Gegenstände der Naturwissenschaften eine Geschichte und damit eine Geschichte ihrer Semantik haben. Atome, Gene, Energie, Entropie, Klima haben eine experimentelle und empirische Seite, zugleich aber auch begrifflich-semantische Voraussetzungen, die in die Gegenstandskonstitution eingehen und Gegenstand der Begriffsgeschichte sein können. Dabei entscheidet sich für die Wissenschaften in der Beantwortung der Frage nach dem Referenten nicht selten, ob sie die Begriffsgeschichte zu ihrem Instrumentarium zählen oder nicht. Für die jüngere Wissenschaftsgeschichte würde eine Begriffsgeschichte ohne die Berücksichtigung der materiellen Voraussetzungen und praktischen Einbindungen von

Begriffen »keinerlei brauchbare historische Ergebnisse liefern« (Rheinberger 2008: 1). Wissenschaftshistoriker gehen davon aus, dass in ihren Untersuchungsobjekten und Untersuchungsmitteln (Apparate, Modellorganismen, Forschungsinfrastrukturen) Bedeutungen verkörpert oder vergegenständlicht sind. Ein ähnliches, aber damit nicht zu verwechselndes Problem wird in der Wissenschaftstheorie unter dem Stichwort der externalistischen bzw. internalistischen Perspektive verhandelt. Während Internalisten die Geschichte von Begriffen oder Ideen aus sich heraus zu verstehen suchen, machen Externalisten andere, vor allem soziale Faktoren geltend.

Innerhalb der Philosophie und in der Geschichtswissenschaft ist es umstritten, ob sich das Problem in beiden Disziplinen gleich darstellt. Für radikale Diskurstheorien gibt es ›hinter‹ dem Diskurs keine weitere Ebene. Bezogen auf Theologie und Religion, aber auch Metaphysik wiederum hängt die Frage, ob sie von ›wirklichen Dingen‹ reden, davon ab, ob die Innen- oder Außenperspektive eingenommen wird. Dennoch stellt sich selbst in diesen Fällen heraus, dass auch die diskursiv erzeugten und im Grenzfall rein fiktiven (Erkenntnis-)Gegenstände durch ihre Einschreibung in die ›Wirklichkeit‹ materielle Effekte haben, die sich in ganz handfesten Sozialstrukturen niederschlagen. Mögen Begriffe wie Gott, Paradies, Erbsünde oder Seele auch phantasmatisch sein, so können sie sich dennoch in verschiedenen Praktiken, Institutionen und materiellen Arrangements niederschlagen und zu eminent geschichtsmächtigen Faktoren werden. Und viele gesellschaftspolitische Schlüsselbegriffe wie Fortschritt, Gesellschaft, Freiheit sind deshalb besonders vieldeutig und umstritten, weil sie sich zwar auf Grundcharakteristika der Gesellschaft beziehen, diese aber oft nicht empirisch, sondern nur durch theoretische Vermittlung hindurch und dann auch niemals zweifelsfrei und objektiv gegeben sind. Wie tief die

Zerwürfnisse in dieser Frage gehen können, zeigt sich etwa am sogenannten Positivismusstreit der Soziologie, in dem die Frage nach dem Realitätsgehalt theoretischer Begriffe im Mittelpunkt stand. Je abstrakter, vergeistigter, immaterieller die Gegenstände sind, umso eher scheinen sie völlig mit dem Begriff zusammenzufallen.

Während in den 1960er und 1970er Jahren unter der Dominanz sozial- und strukturgeschichtlicher Ansätze die Frage nach dem materialen Sachbezug der Begriffe für die Begriffsgeschichte wesentlich war, wurde sie nach dem mit dem *linguistic turn* und den Diskurstheorien verbundenen Bedeutungszuwachs konstruktivistischer Ansätze seit den 1980er Jahren zurückgedrängt, für naiv oder obsolet erklärt. Die Historische Semantik erscheint in dieser Perspektive dann nur mehr als ein Ansatz, der die fiktional-konstruktive Seite historisch-sozialer Prozesse in den Blick nimmt. Löst man die Sachverhalte ganz in Sprache auf und negiert ihre sprachliche Unabhängigkeit, dann wird (Begriffs-)Geschichte zur Bewusstseins- oder Geistesgeschichte. Die Begriffsgeschichte als Methode der Geistes- und Sozialwissenschaften hat ihr Profil historisch aber gerade in der Absetzung von beiden gewonnen.

Den differenziertesten Ansatz einer methodischen Begründung der Begriffsgeschichte in ihrem Verhältnis zur Sachgeschichte hat der Begriffshistoriker Reinhart Koselleck entwickelt; die meisten, mitunter kritischen neueren Beiträge zu diesem Thema schließen an ihn an. Koselleck geht allgemein von einem dialektischen Verhältnis von Sprache und Realgeschichte aus – die Sprache ist geschichtlich geprägt, und die historischen Prozesse sind sprachlich geprägt. Beide werden durch die *Erfahrung* vermittelt. Doch auch als vermittelte gehen Geschichte und Sprache nicht ineinander auf. »Geschichte ist immer mehr oder aber weniger, als begrifflich über sie gesagt werden kann – so wie

Sprache immer mehr oder weniger leistet, als in der wirklichen Geschichte enthalten ist.« (Koselleck 2006d: 102) In der Begriffsgeschichte sah Koselleck eine historiografische Methode, mit der die wechselseitige Durchdringung und Differenz von Sprache und politisch-sozialer Wirklichkeit sowie verschiedene Formen der Gleichzeitigkeit des Ungleichzeitigen (z.B. in Bezug auf verschiedene historische Bedeutungsschichten eines Begriffs, zwischen Begriff und Sachverhalt, zwischen chronologisch aufzählbaren Wortbedeutungen und dem systematischen Anspruch eines Begriffs) methodisch reflektiert untersucht werden können. Nur in einer solchen Perspektive, so heißt es in der Einleitung zum Lexikon der *Geschichtlichen Grundbegriffe*, »können Verwerfungen sichtbar werden, die zwischen alten Wortbedeutungen, die auf einen entschwindenden Sachverhalt zielen, und neuen Gehalten desselben Wortes auftauchen. Dann können Bedeutungsüberhänge beachtet werden, denen keine Wirklichkeit entspricht, oder Wirklichkeiten scheinen durch, deren Bedeutung unbewusst bleibt.« (Koselleck 1972: XXI)

Der Dialektik der Begriffsgeschichte, die einerseits die Nichtidentität von Begriff und Wirklichkeit behauptet, zugleich aber ermittelt, wie Begriffe selbst in die Wirklichkeit eingehen und zur Veränderung der Wirklichkeit beitragen (die dann wiederum als unabhängig von Begriffen erscheint), hat Koselleck mit der funktionellen Unterscheidung von Begriffen als *Indikatoren* und *Faktoren* der Geschichte Rechnung zu tragen versucht. Theorie- und problemgeschichtlich betrachtet, versucht Koselleck damit zugleich, Ansätze und Disziplinen zu verbinden, die oft auseinanderfallen, z.B. konstruktivistische bzw. handlungstheoretische vs. strukturgeschichtliche, politikwissenschaftliche vs. sozialwissenschaftliche, Semantik und Pragmatik.

Faktoren sind für Koselleck Begriffe in ihrer Funktion, die Wirklichkeit durch interessengeleitete Sprachhandlungen neu zu bewerten und aktiv umzugestalten. Als *Indikatoren* dagegen sind sie Anzeiger der »vorgefundenen ›Realität‹« (Koselleck 2006d: 99). Kosellecks aus Technik und Chemie entlehnter Begriff des Indikators unterstellt dabei zwar nur eine äußerst abstrakte Beziehung zwischen Sache und Begriff, dennoch reagieren Begriffe auf nichtsprachliche Realprozesse. Diese können allerdings völlig unterschiedlich gefasst und beschrieben werden und sie wirken ihrerseits nicht unmittelbar auf die Sprachhandlungen. Insbesondere zur Indikatorfunktion lassen sich bei Koselleck widersprüchliche Ausführungen finden. Wiederholt heißt es, die historisch-semantische Analyse solle »die hinter den Begriffen liegende Sachgeschichte freilegen«. Hans Erich Bödeker sieht in diesem Verständnis »die Gefahr einer realistischen Ontologie [...], die die historischen Sachverhalte als Entitäten festhält« (Bödeker 2002b: 110). Damit habe Koselleck »die Möglichkeit heraufbeschworen, Begriffsgeschichte auf die Suche nach passenden Verwendungskontexten für die ohnehin schon gewussten, der Analyse vorausgesetzten Sachverhalte zu reduzieren« (ebd.: 115). Andererseits hat Koselleck selbst gegen das Abbildverständnis von Sprache polemisiert und der begriffsgeschichtlichen Methode attestiert, dass sie »den naiven Zirkelschluß vom Wort auf die Sache und zurück« (Koselleck 1979b: 121) durchbricht. Eindeutig als Kritik an kausalen Erklärungsmustern ist auch sein Hinweis zu verstehen, dass historische Ereignisse die Sprache zwar unter Veränderungsdruck setzen, selbst aber immer nur vermittelt über bereits geschichtlich geprägte Begriffe in die Erfahrung eingehen können. »Was außersprachlich eine und dieselbe Bewegung indiziert, [...] das ist von der jeweiligen Sprache her völlig verschieden gemeistert worden.« (Koselleck 2006b: 43)

Koselleck hat in immer neuen Anläufen versucht, die Relationen von Sprache und Wirklichkeit zu fassen. Im Anschluss an Heiner Schultz (1979) legt er dar, dass es, rein logisch, vier Möglichkeiten gebe, nach denen sich der Wandel von Begriff und Sachverhalt gestalten kann (Koselleck 2006c: 62-63). Erstens: Die Bedeutung eines Wortes sowie der erfasste Sachverhalt bleiben sich gleich, synchron und diachron. Zweitens: Die Bedeutung eines Wortes bleibt sich gleich, aber der Sachverhalt ändert sich. Drittens: Die Bedeutung eines Wortes ändert sich, aber die damit erfasste Wirklichkeit bleibt sich gleich. Viertens: Sachverhalte und Wortbedeutungen entwickeln sich völlig auseinander, so dass die ehemalige Zuordnung nicht mehr nachvollzogen werden kann. Nur mit der begriffshistorischen Methode lasse sich dann ermitteln, welche Wirklichkeit wie und auf welchen Begriff gebracht wurde. Schultz' Topologie lässt sich noch um einen fünften Punkt ergänzen: Begriffsentwicklungen können Entwicklungen antizipieren, sie können aber auch mit Verspätung auf Ereignisse folgen. Betrachtet man zum Beispiel den Holocaust, so vollziehen sich viele darauf bezogene semantische Veränderungen mit Verspätung gegenüber dem Ereignis. Insofern sind Begriffsgeschichten nicht entlang der üblichen Epochenzäsuren zu strukturieren. In Bezug auf die Typologie der Beziehungen zwischen Begriffen und außersprachlichen Sachverhalten stellt sich aber vor allem die Frage, ob nicht bereits die Voraussetzung der Zweigliedrigkeit der Relation, bei der zwischen Begriff und Wort nicht unterschieden wird, eine Verkürzung des Problems bedeutet. An anderen Stellen heißt es bei Koselleck, Wörter und Sachverhalte ›verweisen aufeinander‹, ›konvergieren‹ oder ›korrespondieren‹ (in dem dreifachen Sinne von begleiten, registrieren und induzieren), ›stehen in einer Spannung miteinander‹, ohne ›ineinander aufzugehen‹, die Wörter hätten einen ›Hinweischarakter‹ u.a. (vgl. Bödeker 2002b: 110). Und auch die jeweiligen Beispiele Kosellecks, wofür die Begriffe jeweils Indikatoren sein sollen, ergeben ein sehr breites Spektrum: Der Begriff der Krise etwa indiziere einen wachsenden Zeitdruck, Unsicherheit und soziales Leiden; der moderne Revolutionsbegriff einen langfristigen Strukturwandel; die Entstehung des Begriffs Bürgertum die Reflexion von Klassenbildungen; der Begriff Bund ein Strukturmerkmal der deutschen Verfassungsgeschichte; der Begriff Status eine plurale Gesellschaft; die französischen Begriffe perfectionnement und perfectibilité eine neue Zeiterfahrung; der Kollektivsingular Geschichte die Verselbständigung gesellschaftlicher Prozesse.

Sprachtheoretisch liegt dem Indikatorbegriff eine antinominalistische Sicht zugrunde, die die Semantik nicht in Pragmatik aufgehen lässt, sondern Begriffe als Kondensate allgemeinerer *Erfahrungen* begreift. Ein Indikator in diesem Sinne ist dann eine geistige Verarbeitung und kein bloßes Abbild einer Sache. Er ist also als ein Interpretament zu verstehen, mit dem vermittelte Beziehungen zwischen Sachen und Begriffen angenommen werden. Koselleck hat auch versucht, die Unterscheidung von Indikator und Faktor sowie das Verhältnis zwischen ihnen und den Sachverhalten in die temporale Binnenstruktur von Begriffen (siehe Kap. 6) zu überführen und die Inkongruenzen zwischen beiden aus den unterschiedlichen Veränderungsgeschwindigkeiten abzuleiten. Jeder Begriff ist sowohl einmalig, situativ und konkrete Lagen diagnostizierend wie auch wiederholbar, eingebettet in den diachron vorgegebenen Sprachhaushalt. Aus dieser diachronen Tiefenstaffelung verschiedener Bedeutungen leitet Koselleck die These einer größeren Dauerhaftigkeit der Sprache gegenüber den Ereignissen ab. Koselleck hat die Trägheit sprachlicher Verarbeitungsmuster unter anderem mit Verweis auf die katastrophalen Ereignisse des 19. und 20. Jahrhunderts herausgestellt, »die durch sprachliche Anpassung keineswegs unmittelbar als Katastrophen registrierbar waren« (Koselleck 1998b: 189). Andererseits schießt die Sprache aber immer auch über das ›Gegebene‹ hinaus – Koselleck verweist in diesem Zusammenhang auf den Begriff des Kommunismus als Begriff für eine vorweggenommene Zukunft, von der niemand jemals unzweideutig behauptet habe, dass dieser Zustand bereits existiere.

Die Begriffsgeschichte muss mit dem Widerspruch einer sprachlich konstituierten und zugleich sprachunabhängigen Wirklichkeit in reflektierter Weise umgehen – dieser Widerspruch ist gewissermaßen ihr Lebenselement. Wenn sie das nicht tut und die Fragestellung nach den sachgeschichtlichen Bezügen als naiv zurückweist, bezahlt sie das mit einem hohen, wohl zu hohen Preis. Die mit dem *linguistic turn* verbundene Erkenntnis, dass Sprache unsere Wahrnehmung und unser Handeln mitbestimmt, führt in ihrer Überspitzung dazu, die soziale Welt in Sprache aufzulösen und als universell manipulierbar anzusehen. Philosophisch lässt sich eine solche Überspannung der Funktion von Sprache insbesondere bei Hans-Georg Gadamer erkennen. Die gegenwärtigen Bemühungen um sprachliche Political Correctness zeigen, dass die Veränderung durch Sprache an Erfahrungen ihre Grenze finden, bzw. deren Veränderung allein, etwa in Form bloßer Verfeinerung der Semantik, auch eine Alibifunktion übernehmen kann: beispielsweise wenn der Sprachgebrauch verändert wird, ohne zugleich die realen Probleme direkt anzugehen. Sprachliche Äußerungen sind zwar Handlungen, aber Handlungen gehen nicht in Sprache auf.

Umgekehrt gehen auch materialistische Theorien wie die Adornos davon aus, dass im gesellschaftlichen Reproduktionsprozess des Lebens, etwa im ökonomischen Tausch, bereits ein begriffliches Moment, nämlich ein reales Moment der Abstraktion enthalten ist. Marx hat solche für das Funktionieren der bürgerlichen Gesellschaft unverzichtbaren Realabstraktionen der Praxis, die objektive Verhältnisse ausdrücken, wie etwa Geld, Wert, Preis, Profit, als Kategorien (oder alternativ auch als ›Daseinsformen‹, ›objektive Gedankenformen‹) bezeichnet. Diese

Kategorien bestimmen das Handeln der Menschen, sie können unbewusst bleiben und sich in verschiedenen Begriffen niederschlagen, auch und gerade in solchen, für die sich die Historische Semantik interessiert. Auch die von Koselleck herausgestellten Kollektivsingulare (Geschichte, Fortschritt etc.) verweisen auf praktische Erfahrungen von (zum Beispiel sozialökonomischen) Prozessen, die selbst weder rein sprachliche sind noch durch die bloße Veränderung der Sprache verändert werden können. Um solche Prozesse begriffsgeschichtlich fassen zu können, ist der Ausgang von einem eng an Praktiken gebundenen Begriff des Begriffs nötig, wie ihn Gottfried Gabriel etwa mit seiner Bestimmung des Begriffs als ›Unterscheidungswissen‹ vorgeschlagen hat. Hans Ulrich Gumbrecht spricht von »nicht-intentionalen Bedingungsfaktoren von Praxis«, andere Theorien setzen die Wahrnehmung selbst als bereits begrifflich strukturiert voraus. Ein so weit gefasster, vorwissenschaftlicher, präreflexive Leistungen einschließender Begriff des Begriffs reicht bis in den Alltag und ist von der semantischen Dimension der Sprache überhaupt kaum zu trennen – Clemens Knobloch spricht von »spontan aus den Verhältnissen herausgewachsenen Denk- und Bewusstseinsformen« (Knobloch 1992: 15). Eine solche weite Bestimmung des Begriffs macht seine Grenzen durchlässig: zum Bild, zur Metapher, zur Latenz, zu Praktiken etc. Hans Blumenbergs unausgearbeitete Theorie der Unbegrifflichkeit zielt eigentlich in eine ähnliche Richtung, auch wenn er sie weitgehend am bildungsbürgerlichen Kanon expliziert.

Mit der Ausblendung der Frage nach dem Sachbezug wird der Begriffsgeschichte der ideologiekritische Stachel gezogen. Wie wichtig die Arbeit am Realitätsbezug von Begriffen ist, zeigen aktuell die Diskussionen um Fake News und sogenannte *alternative facts*. Sie stehen in einer langen Tradition sprachkritischer Aufklärung, zu der unter anderem die neuzeitliche Idolenkritik, die vor allem für die französische Aufklärung wichtige Kritik am Sprachmissbrauch (abus des mots), die Kritik an den Euphemismen der Nazisprache oder am ›Newspeak‹ der totalitären Regime durch George Orwell gehören. Ein Aspekt der Frage nach dem Referenzbezug von Begriffen führt auf das Terrain der Untersuchung der vielfältigen Formen zensierter Rede (Sprachregelungen, Selbstzensur, Tabuisierungen, Deckbegriffe etc.), denn anhand der Zensur lassen sich sehr gut die Techniken studieren, bestimmte Ausschnitte und Themen der Wirklichkeit zu entthematisieren, zu euphemisieren oder einer besonderen Sprachkontrolle zu unterziehen.

In den sozialen und politischen Arenen wird man Phänomene wie Ungleichheit, Unterdrückung, Herrschaft oder ökonomische Zwänge nicht als bloß sprachliche begreifen, auch wenn sie natürlich symbolisch diagnostiziert und reproduziert werden müssen; auch Verhaltensweisen, Habitus, Kleiderordnungen sind Phänomene, deren Konstitution und Reproduktion nicht auf Sprache reduziert werden kann. Die Naturseite der menschlichen Existenz wird im Klimawandel, bei Hungersnöten oder beim Auftreten von Krankheiten und Seuchen evident. Die Frage nach dem Realitätsgehalt bzw. der Außenseite der Begriffe hat eine eminent politische Dimension, und die Begriffsgeschichte kann untersuchen, wie sich in Bezug auf diverse gesellschaftliche Gruppen, Schichten oder Akteure jeweils das Verhältnis von Sachbezug und Veränderungsabsicht unterscheiden lässt.

Koselleck hat die Begriffsgeschichte gegenüber der *Sozialgeschichte*, also der Untersuchung von Strukturelementen historischer Gesellschaften, als originäre Methode mit einem eigenen Gegenstandsbereich charakterisiert. Wenn die Sozialgeschichte Anachronismen vermeiden und die historischen Dimensionen ihrer nur im Medium von Quellen- und Wissenschaftssprache gegebenen ›Sachen‹ reflektieren will, bleibt sie notwendig auf die Begriffsgeschichte verwiesen. Begriffe sind für Koselleck eine »irreduzible Letztinstanz«, »ohne die keine Erfahrung und keine Wissenschaft von der Welt oder von der Gesellschaft zu haben sind« (Koselleck 2006d: 99). Andererseits ist die Begriffsgeschichte keine Universalmethode, auch sie hat ihre Grenzen. Diese bestehen in ihrer Abhängigkeit von Materialien, die nur im Medium der Sprache überliefert sind. Aufgrund ihrer historisch-kritischen Implikationen stellt Koselleck die Begriffsgeschichte als unverzichtbares philologisches Hilfsmittel für die Sozialgeschichte dar. Als quellenkritische Methode hilft sie, die historischen Bedeutungen von Begriffen und die mit ihren Verwendungen verbundenen Interessen oder Absichten historischer Akteure zu eruieren. Da die Sozialgeschichte bei ihrer Erschließung der Geschichte auf sprachgebundene Quellen angewiesen ist, ergibt sich als »methodische Minimalforderung«, die sozialen und politischen Konflikte der Vergangenheit unter Berücksichtigung ihrer damaligen begrifflichen Abgrenzung und im Selbstverständnis des vergangenen Sprachgebrauchs der beteiligten Partner aufzuschlüsseln (Koselleck 1979b: 114).

Wilhelm Janssen hat am Beispiel des Begriffs Krieg weitere Grenzen markiert. Insofern angenommen werden kann, dass die unter dem Begriff Krieg subsumierten Phänomene selbst unmittelbare Gefühlsreaktionen auslösen, die aber nur teilweise und dann auch kaum unmodifiziert begrifflich artikuliert werden, zeigen sich Grenzen der Versprachlichung, und zwar in doppelter Weise: zum einen, weil es oft an historischen Zeugnissen mangelt, und zum anderen, weil die unmittelbaren emotionalen Reaktionen der Betroffenen »niemals von dem begrifflich gemeinten Gesamtphänomen, sondern stets von seinen konkreten – und das heißt stets partiellen – Erscheinungsweisen« (Janssen 1982: 615) ausgehen. Soziologisch bedeutet das, dass »Aussagen über Vorstellungen, die die breiten illiteraten Massen mit bestimmten Begriffen verbanden, ebenso unmöglich [sind] wie Aussagen darüber, wie weit solche Begriffe überhaupt über das bloße Wort hinaus bekannt waren« (ebd.: 614). Doch gibt es in jüngster Zeit verschiedene Ansätze, die Begriffsgeschichte als Methode auch für die Erschließung dieser vor- oder unbegrifflichen Dimensionen zu nutzen und sie damit für weitere Sachbereiche zu öffnen, die traditionell nicht zu ihren Gegenständen gehörten – dazu zählen die Semantik der Gefühlswörter oder auch die ikonischen bzw. audiovisuellen Semantiken (vgl. Rajamani 2012; siehe Kap. 10).

Merkwürdigerweise hat sich in den historisch arbeitenden Wissenschaften gerade an der Frage nach dem Verhältnis von Begriff und Sprache einerseits und Sachgeschichte und Wirklichkeit andererseits eine Spaltung vollzogen. Koselleck glaubte, beide Seiten noch vermitteln zu können. Nach der sprachwissenschaftlichen Kritik an Koselleck, vor allem in der Arbeit von Dietrich Busse (Busse 1987), sind viele seiner begriffsgeschichtlich arbeitenden Schüler diesen Schwierigkeiten ausgewichen, indem sie die Widersprüche der Sach- und Sozialgeschichte schlicht fallen gelassen haben. Nicht alle lösen das Problem methodisch so raffiniert und dicht am Material wie Willibald Steinmetz, der in *Das Sagbare und das Machbare* die Frage in den politischen Diskurs selbst verlegt. Steinmetz zeigt in seinen mikrodiachronen Studien, wie die Trennung zwischen Machbarem und Sagbarem als »Wandel politischer Handlungsspielräume« selbst Effekt des politischen Diskurses ist, in dem es für die Akteure darauf ankommt, sich Handlungen selbst zuzurechnen oder sie einer unbeeinflussbaren Wirklichkeit zuzuschreiben.

Bei Hans Ulrich Gumbrecht ist es die Kritik an der Hypertrophierung der Sprache, wie sie in der philosophischen Begriffsgeschichte vor allem in Gadamers Hermeneutik deutlich wird, die ihn von der Begriffsgeschichte abrücken und sich der Metaphorik bzw. Präsenz zuwenden lässt. Seine eigene Rolle in den begriffsgeschichtlichen Debatten der späten 1970er Jahre reflektierend, berichtet er, er habe damals geglaubt, durch eine ›phänomenologische Fundierung‹ (Edmund Husserl, Alfred Schütz) die Theorieprobleme der Begriffsgeschichte ausräumen zu können. »Dabei hatte ich übersehen, dass die phänomenologisch-konstruktivistische Prämisse von der prinzipiellen kognitiven Unerreichbarkeit der ›eigentlichen‹ Wirklichkeiten eben auch jene Ebene der Sachgeschichte eliminierte, um deren Verhältnis zu den Begriffen es den Historikern doch gerade ging.« (Gumbrecht 2006: 21) Insgesamt hält Gumbrecht der Begriffsgeschichtsforschung »eine zur Institution gewordene *Unentschiedenheit im Hinblick auf das Problem der Weltreferenz der Sprache*« vor (ebd.: 27). Man habe nie vollends den Anspruch aufgegeben, mithilfe der untersuchten Begriffe Zonen außersprachlicher, aber der Sprache zugänglicher Wirklichkeit – in Ansätzen oder Spuren zumindest – zu erfassen. Andererseits waren die begriffsgeschichtlichen Autoren bemerkenswert zurückhaltend, wenn es um den sachgeschichtlichen Status ihrer Analysen ging. Ein ohne Kautelen formulierter Anspruch auf sachgeschichtliche Relevanz hätte als naiv gegolten.

Die Kategorien, die Gumbrecht anstelle der Begriffe zur Erfassung der von ihm nicht ganz aufgegebenen ›eigentlichen Wirklichkeiten‹ stellt, sind ›Metapher‹ und ›Präsenz‹. Es ist möglicherweise kein Zufall, dass die Aufwertung der Metapher mit der Verabschiedung der Theorie als Form, als Möglichkeit der gedanklichen Erfassung einer hochgradig vermittelten sozialen Welt, die sinnlich nicht erschließbar ist, zusammenfällt. Immerhin kommuniziert die Metapher die Paradoxie ihres Bezuges auf Außersprachliches, d.h. die Unangemessenheit der Sprache in der Sprache selbst (deswegen sollten Metaphern auch stets in ihrer Spannung zum Begriff betrachtet werden); dagegen ist ›Präsenz‹ eine nicht unproblematische, vor allem das Subjektive, Erlebnishafte betonende Kategorie der Unmittelbarkeit.

6. Temporale Strukturen der Begriffe. Zeitschichten, Erfahrung – Erwartung

In der Begriffsgeschichtsforschung wird mit der aus dem Strukturalismus stammenden Unterscheidung zwischen *Synchronie* (Untersuchung zu einem Zeitpunkt) und *Diachronie* (Untersuchung über einen längeren historischen Zeitraum hinweg) gearbeitet. Doch beide bilden in der Begriffsgeschichte keinen prinzipiellen Gegensatz; in gewisser Weise handelt es sich bei der Unterscheidung von Diachronie und Synchronie lediglich um unterschiedliche Perspektiven. Synchronie im strengen Sinne liegt nie vor, weil Kommunikation sich immer in der Zeit vollzieht und auch synchrone Untersuchungen Zeiträume in den Blick nehmen – diese Zeiträume sind dann nur möglichst eng begrenzt. Synchronie heißt auch nicht Unveränderlichkeit, denn jeder Status ist auf Entwicklung angelegt (Ullmann 1967: 12). Umgekehrt realisiert sich die Diachronie im synchronen Sprachgebrauch, und das synchrone Bedeutungsspektrum ist historisch entstanden. Was als Diachronie (Sprachentwicklung) erscheint, ist nur die zeitliche Ordnung des synchron (irgendwo) vorhandenen Wissens; möglicherweise ist die Bedeutung oder Bedeutungsverschiebung einer vergangenen Zeit nicht mehr allgemein präsent. Spätestens aber in dem Moment, in dem eine geschichtliche Bedeutung (aus den Archiven) reaktiviert wird, wird sie in den synchronen Sprachgebrauch eingespeist. Schließlich besteht ein Zusammenhang zwischen Diachronie und Synchronie auch darin, dass die Logik, der die Bedeutungsentwicklung folgt, oft auch für synchrone Bedeutungsverwendungen, -übertragungen und -erweiterungen gilt.

Gegen den methodischen Ansatz der Intellectual History, nach der die Untersuchungen sich streng auf synchrone Gegenstände zu beschränken hätten, hat Jörn Leonhard daher zu Recht Einwände erhoben: »Geht man jedoch von der Erklärungsreichweite des Ansatzes aus, ergeben sich aus der von Pocock programmatisch hervorgehobenen synchronen Untersuchungsebene nicht unerhebliche Probleme. Der Verzicht auf die Untersuchung des langfristigen, diachronen Bedeutungswandels – gleichsam die ›longue durée‹ der Begriffe – läßt potenziell die Selektionskriterien und -mechanismen unberücksichtigt, mit denen Zeitgenossen tradierten Bedeutungselementen begegneten und semantische Aspekte aussteuerten oder auswählten. Eine lediglich synchrone Bestimmung der diskursanalytischen Perspektive gerät dann leicht in die Gefahr, eine ›language‹ in einem gleichsam geschichtslosen Raum zu konstruieren oder sie als bloßes historisches Zitat erscheinen zu lassen. Dies läßt unberücksichtigt, daß jeder Diskurs gerade auf der Auseinandersetzung mit tradierten Begriffen beruht, die vor dem Hintergrund eines dynamisch verschobenen Verhältnisses von Erfahrungen und Erwartungen immer neu bestimmt werden.« (Leonhard 2004: 83)

Für Koselleck ist die Begriffsgeschichte eng verbunden mit einer von ihm angestrebten ›Theorie der historischen Zeiten‹. Ohne eine solche Theorie bliebe auch die Begriffsgeschichte blind. Koselleck zufolge können wir nicht davon ausgehen, dass wir ein immer gleiches geschichtliches Bewusstsein haben, das nur kontinuierlich mit je anderem Material gefüllt wird. Er versucht mit den Paradoxien umzugehen, dass das historische Denken (auch die Kategorien Vergangenheit, Gegenwart, Zukunft) selbst historisch entstanden und keineswegs unveränderlich sind (vgl. Hölscher 1999/2016). Um zu zeigen, wie sich diese verschiedenen Zeitformen in Begriffen niederschlagen, hat Koselleck von *temporalen Strukturen der Begriffe* gesprochen. Die historische Signatur einer Zeit manifestiert sich gleichsam in ihren Grundbegriffen. Dabei müssen verschiedene Probleme unterschieden werden, die mitunter ineinander übergehen: Zum einen geht es darum, dass Begriffe geschichtlich Bedeutungsschichten anlagern. Koselleck benutzt dafür die Metapher der *Zeitschichten*. Zum zweiten weisen Begriffe als Kondensate von Erfahrung und Erwartung selbst eine Binnenstruktur der Zeitlichkeit auf. Hinzu kommt schließlich die Frage, ob Begriffe überhaupt eine Geschichte haben und welche Modi ihrer Veränderung es gibt.

Koselleck, der konstatiert hat, dass Zeitlichkeit immer unanschaulich ist und mit Metaphern umschrieben werden muss, hat selbst mit einem aus der Geologie stammenden Schichtenmodell gearbeitet. Als Zeitschichten bezeichnet er unterschiedliche historische Tiefenstaffelungen von Begriffen, »mehrere Zeitebenen verschiedener Dauer und unterschiedlicher Herkunft, die dennoch gleichzeitig vorhanden und wirksam sind« (Koselleck 2000: 9). Die Metapher der Zeitschichten ist umstritten, weil sie sehr statisch erscheint. Zudem wurden sie und die damit verbundene Figur der ›Gleichzeitigkeit des Ungleichzeitigen‹ kritisiert, insofern beide ein wertendes Fortschrittsmodell implizieren können, nämlich wenn das Spätere als dem Früheren überlegen angesehen wird. Unstrittiger ist, dass sich in Begriffen überhaupt semantische Schichten oder Sedimentierungen unterschiedlicher Zeiten und unterschiedlicher Dauer nachweisen lassen. Koselleck hat das bezogen auf die Sprache in verschiedenen Anläufen zu beschreiben versucht. So sei die *Pragmatik* der Sprache immer einmalig und situativ, die Semantik dagegen verändere sich langsamer und enthalte Deutungspotenziale, die über Generationen wirkten. Die *Syntax* schließlich als Teil der Grammatik verändere sich noch langsamer (Koselleck 2000: 14).

Vom Zeitschichtenmodell ist die Frage zu unterscheiden, ob Begriffe eine Geschichte haben können bzw. wie sich diese vollzieht. Dabei ist es kaum sinnvoll, die Möglichkeit, eine Geschichte ›von etwas‹ zu erzählen, allein deswegen zu verneinen, weil dieses ›etwas‹ sich ändert (Quentin Skinner), denn dann wäre überhaupt keine Geschichtsschreibung möglich. Tatsächlich hat es jede Geschichtsschreibung mit dem Verhältnis von Identität und Differenz zu tun, eine Veränderung kann immer nur bezogen auf etwas Identisches beschrieben werden, wobei dieses Identische selbst auch wieder veränderlich ist. Wenn im *Historischen Wörterbuch der Philosophie* die Geschichte des »mit einem sich durchhaltenden Ausdruck verknüpfte[n] Begriff[s]« (Schröder 2000: 163) erzählt werden soll, dann erscheint dieser Ansatz in der Tat zu statisch.

Koselleck geht davon aus, dass Wörter zunächst in einer bestimmten Bedeutung in Beziehung auf eine bestimmte Realität gebraucht werden. Es ist das, was er – mit Carl Schmitt – den situativen Gebrauch nennt. Ciceros Begriff der *res publica* etwa beziehe sich allein auf die römische Gesellschaft. Nicht der Begriff hat eine Geschichte, schreibt Koselleck, sondern nur seine Rezeption, oder, mit Bödeker (2002b: 118, 33-34), der ›Wortgebrauch‹. »Ein einmal geprägter Begriff als solcher entzieht sich der Veränderung.« In der Rezeption lagern sich immer wieder neue Bedeutungsschichten oder Bedeutungsnuancen an, andere verschwinden, die jeweiligen Bedeutungen haben eine unterschiedliche Dauer. Koselleck nennt das die einem Begriff innewohnende komplexe temporale Struktur. »Alle Schlüsselwörter der politischen und sozialen Sprache haben eine vielschichtige temporale Binnenstruktur und weisen über die so genannte zeitgenössische Realität voraus oder zurück.« (Koselleck 2006a: 92)

Die Bedeutungen, die sich historisch an einen Begriff anlagern, erscheinen synchron als dessen Bedeutungsspektrum, das deswegen mehrdeutig sein kann. Da sie in verschiedenen geschichtlichen Situationen entstanden sind, kann man mit Ian Hacking vom ›Gedächtnis der Begriffe‹ sprechen. Die Probleme liegen oft nicht offen zutage, sie können nur durch historische Interpretation aufgedeckt werden. Als ein Beispiel für eine solche semantische Anlagerung kann die jüngere Geschichte des Begriffs Revolution dienen: Im Westen war der Begriff der politischen Revolution bis 1989 wesentlich negativ konnotiert, paradigmatisch waren hier die gewalttätige, unrechtmäßige, nicht zuletzt auf soziale Veränderungen zielende Französische und Russische Revolution, die auch Elemente des antifaschistischen Gründungsmythos der DDR waren. Diese Bestimmung hält auch Koselleck fest, der den Begriff 1984 bereits für semantisch zerschlissen hielt. Neue diskursive Kraft bekam das Oxymoron ›friedliche Revolution‹. ›Friedlich‹ ließen sich eine Revolution auch die westlichen Eliten gefallen, und ›Revolution‹ wurde Bürgerrechtlerinnen und Bürgerrechtlern zugestanden, die ihre Leistung geschmälert gesehen hätten, wenn das Ende der DDR nur ein ›Zusammenbruch‹ oder eine ›Wende‹ gewesen wäre. Nur Systemtreue hielten an der tradierten Semantik fest und sprachen von ›Konterrevolution‹. Theoretisch hätte auch die ursprünglich astronomische Bedeutung von Revolution aktiviert werden können, nämlich als kreisförmig gedachte Wiederkehr (›Umlauf‹), doch diese älteste Schicht in der politisch-sozialen Sprache war nicht mehr abrufbar. Die diskursive Einhegung des Revolutionsbegriffs gelang, indem zum Telos und Höhepunkt der ›friedlichen Revolution‹ Maueröffnung und Wiedervereinigung wurden (»Die Öffnung der Berliner Mauer am 9. November 1989 war für die DDR das, was der Sturm auf die Bastille am 14. Juli 1789 für das französische Ancien Régime gewesen war«, heißt es bei dem Historiker Heinrich August Winkler (Winkler 2002: 517). Wie viele andere ehemals linke und emanzipatorische Begriffe (›Alternative‹) und Diskurselemente (Elitenkritik) ist Revolution seither politisch eher konservativ und nicht selten national konnotiert. Nicht ganz auszuschließen ist, dass die nationale Konnotation oder das Attribut ›friedlich‹ abgestoßen werden und das ursprünglich mit dem Begriff verbundene Versprechen (Kant nannte es Geschichtszeichen) wieder dominant wird.

Zentrale Kategorien für Kosellecks Theorie der historischen Zeit sind *Erfahrung* und *Erwartung*. Koselleck entlehnt sie vornehmlich der hermeneutischen Tradition (Gadamer), sie sind bei ihm metahistorisch bzw. anthropologisch fundiert, also selbst weitgehend zeitenthobene Bedingungen der menschlichen Existenz. Nur ihr Verhältnis zueinander ändert sich und unterscheidet die großen Epochen voneinander. Für Koselleck ist Geschichte eng gekoppelt an den Erfahrungsbegriff; was wir Geschichte nennen, ist für ihn gleichsam sedimentierte Erfahrung. Diese Erfahrungen wiederum prägen unsere Erwartungen. Vergangenheit und Zukunft verschränken sich also im *Erfahrungsraum* und im *Erwartungshorizont* (Koselleck 1979c), womit zugleich die Frage aufgeworfen ist, ob und wie geschichtliches Wissen in zukunftsbezogene Handlungen eingeht. Für die Vormoderne nimmt Koselleck noch eine weitgehende Übereinstimmung zwischen *Erfahrung* und *Erwartung* an: Was in Zukunft zu erwarten war, ergab sich relativ nahtlos aus der Vergangenheit. Die schon von Aristoteles beschriebenen Verfassungsformen etwa können wechseln, damit wird aber in traditionellen Gesellschaften weder etwas Neues erwartet noch ein geschichtlicher Prozess verbunden. Ein Bruch zwischen Erfahrung und Erwartung sei erst das Kennzeichen der Moderne (siehe Kap. 7). Während es also vor der Aufklärung verschiedene Herrschaftstypen gab, bekommen Verfassungsbegriffe wie Despotie und Republik nun einen zeitlichen Index. ›Republik‹ wird ein ›Erwartungsbegriff‹. Möglich sind auch Erwartungsbegriffe, die als Faktoren der Geschichte wirken und denen als Utopien kein Erfahrungsgehalt zugrunde liegt; Koselleck nennt sie auch *Vorgriffe*.

Die temporale Binnenstruktur der Begriffe ergibt sich daraus, dass sie verschieden tief gestaffelte Anteile vergangener Bedeutungen sowie verschieden gewichtete Zukunftserwartungen enthalten. Der typische Fall für die Moderne ist Koselleck zufolge, dass ein Begriff zugleich ein Vorgriff ist. Dazu zählt Koselleck Begriffe mit dem Suffix -ismus (von Konservatismus bis Kommunismus, wobei das zeitliche Ideal eben entweder im Vor- oder im Rückgriff liegt) (Koselleck 2006c: 68-69). Es ist vielleicht kein Zufall, dass seit den 1980er Jahren, mit dem Abbau geschichtsphilosophischer und großer Emanzipationsprojekte, auch die Ismus-Begriffe an Bedeutung verloren haben. Andere Begriffe, die seither an ihre Stelle getreten sind, weisen jedoch selbst wieder Zukunftsbezüge auf, die sich allerdings signifikant verschoben haben: Utopische Vorstellungen wurden durch eher dystopische und die großen teleologischen Konzeptionen durch plurale und multiple Entwürfe verdrängt (Hölscher 1999/2016: 325); es gibt Begriffe, die Katastrophenentwicklungen vorwegnehmen, sowie solche, wie Nachhaltigkeit, die nicht mehr auf Fortschritt, sondern auf das Ideal von Kreisläufen zielen etc.

Der Erfahrungsbegriff Kosellecks bietet den Vorteil, dass Geschichtsschreibung – anders als die Ereignis- oder soziale Strukturgeschichte – an den wirklichen Subjekten orientiert ist. Dennoch erscheint sein Verständnis von Erfahrung mitunter wie die Extrapolation des bürgerlichen Bildungsideals und kaum adäquat verallgemeinerbar. Damit erhält der Ansatz einen versöhnenden Zug: nicht nur, wenn Koselleck Erfahrung und Erwartung für die dann sehr heil erscheinende Vormoderne eng zusammenrückt, sondern auch, wenn Geschichte überhaupt ausgehend von individuellen Subjekten gedacht wird – wobei nicht auf subjektiver Erfahrung aufbauende, medial vermittelte Begriffe und gesetzte Machtdispositive und -techniken ausgeblendet werden.

Dennoch hat die Begriffsgeschichte Kosellecks gerade solche subjektüberschreitenden Erfahrungen immer wieder untersucht und kategorial zu fassen versucht. Kollektivsingulare markieren solche Erfahrungen. Indem ihr diagnostischer Gehalt verkannt wurde, ist Kosellecks These von den Kollektivsingularen, mit denen er sprachliche Veränderungen indizierte, mitunter selbst ideologisch verdächtigt worden. Doch am neueren Begriff des Anthropozäns kann man beobachten, wie in kürzester Zeit aus einem zunächst unter Geologen hochumstrittenen Begriff ein den Koselleck'schen Kollektivsingularen ähnlicher Subjektbegriff wird. Wenn inzwischen bereits dinghaft von »materiellen und gesellschaftlichen Transformationen des Anthropozäns« gesprochen wird (Scherer 2019: o.p.), dann kann man beobachten, wie wiederum Begriffe selbst zu mysteriösen Akteuren werden.

Auch wenn man Wittgensteins Gebrauchs- beziehungsweise Regeltheorie der Bedeutung folgt und den Sprachwandel als durch menschliche Individual- und Kollektivhandlungen ausgelöst betrachtet, kann man mit dem Linguisten Rudi Keller von ›invisible-hand‹-Prozessen ausgehen (Keller 1990). Keller verortet die Sprach- und Bedeutungswandlung in einem jenseits der Natur und der Kultur liegenden dritten Bereich. Mit ›invisible hand‹ überträgt er eine von Adam Smith für die Ökonomie geprägte Metapher auf die Sprachentwicklung, die er als einen evolutionären Prozess versteht. Damit ist gemeint, dass sich Sprachentwicklungen naturwüchsig vollziehen und der Diskurs immer mehr weiß als seine Sprecher, die bei ihren Begriffsverwendungen nie alle Bedeutungs- und Interpretationsmöglichkeiten im Blick haben können. Auch bei Dietrich Busse finden sich immer wieder Formulierungen, in denen er einräumt, dass Bedeutungen die subjektiven Intentionen im Kommunikationsprozess überschreiten und sich der Sprachwandel »über die Köpfe der einzelnen Individuen hinweg außerhalb direkter Einflußmöglichkeiten vollzieht« (Busse 1987: 256).

Wie aber lassen sich Veränderungen einzelner Begriffe erklären? Sprach- und Begriffshistoriker haben dafür unterschiedliche Modelle entworfen. Für die Untersuchung der Entwicklung von Begriffen ist es zunächst wesentlich, ob es sich bei einer historischen sprachlichen Äußerung um eine gelegentliche oder außergewöhnliche (*okkasionelle*) Verwendung oder um einen regelhaften (*usuellen*) Gebrauch über einen ausgedehnten Zeitraum handelt. *Bedeutungswandel* beginnt zwar mit einer okkasionellen Bedeutung, eine einmalige neue Verwendung würde aber noch keinen Bedeutungswandel darstellen. In diesem Sinne sind auch die in der Begriffsgeschichtsforschung beliebten *Erstbelege* zu behandeln. Zu Erstbelegen werden zunächst eigentlich idiosynkratische Begriffsverwendungen nur, wenn ihr Gebrauch usuell wird. Durch Anlagerung neuer Bedeutungen an Begriffe werden die zuvor bestehenden nicht unbedingt außer Kraft gesetzt. Oft existieren verschiedene Bedeutungen nebeneinander, bevor eine neue sprachliche Bedeutung zur Norm wird. Die Linguistik setzt den Vollzug eines Bedeutungswandels überhaupt erst an, wenn die neue Bedeutung lexikalisiert ist. So lässt sich beispielsweise der Ausdruck Politisierung sehr vereinzelt schon für die 1830er Jahre nachweisen, eine allgemeinere Bedeutung erlangt er aber erst im 20. Jahrhundert (vgl. Meier/Papenheim/Steinmetz 2012: 82-83). Insgesamt ist allerdings auch hier wesentlich, dass die Sichtweise vom Forschungsinteresse abhängt: Eine literaturwissenschaftliche oder philosophische Perspektive kann viel stärker an den okkasionellen, das heißt jeweils neuen, ungewöhnlichen und auch nicht usuell werdenden Verwendungsweisen interessiert sein. Wer dagegen die Genealogie heutiger Sprache oder die Sprache diskurstheoretisch, wer Sprache als Medium für geschichtliche Verläufe untersucht, den interessiert der okkasionelle Gebrauch meist nicht. Darüber hinaus kann man auch fragen, warum sich ein neu eingeführter Ausdruck zunächst nicht durchgesetzt hat, welche Bedingungen seine allgemeine Verbreitung erschwert oder behindert haben etc.

Bezeichnungswandel und Bedeutungsverschiebungen sind die beiden wesentlichen Modi der Begriffsveränderung. Ekkehard Felder unterteilt ›semantische Kämpfe‹, um die es fast immer auch in der Begriffsgeschichte geht, in drei verschiedene Arten und beschreibt sie wie folgt: »als Kampf um angemessene Benennungen, als Kampf um *die* Bedeutung bzw. Bedeutungsaspekte und/oder als Kampf um Sachverhalte, die erst im Hinblick auf Ausdrücke gebildet und geformt, also fixiert werden« (Felder 2006: 1). Bedeutungsverschiebungen vollziehen sich oftmals über Veränderungen in der *Konnotation*, es verändert sich also zunächst nicht die Kernbedeutung eines Begriffs, sondern dessen evaluativer Gehalt oder Kontext; das sind nicht selten schleichende Prozesse. Wittgenstein hat für wissenschaftliche Definitionen festgestellt, was für Bedeutungsverschiebungen generell gilt: dass nämlich dasjenige, was zunächst nur als Begleiterscheinung eines Phänomens galt, selbst zur Definition dieses Phänomens wird (Wittgenstein 1953/2001: § 79). Tatsächlich lassen sich bezogen auf ein und denselben Begriff beständigere semantische Aggregationen von aktualisierenden pragmatischen Verwendungen unterscheiden. Beide Seiten können durchaus locker miteinander verbunden sein. Ein Begriff wie Bildung hat seine positive Konnotation – getragen vom Bildungsbürgertum – in philosophischen Diskursen erhalten. Wenn in gegenwärtigen politischen Debatten von ›Bildung‹ die Rede ist, dann zehrt die Verwendung zwar noch von der traditionsreichen Hochschätzung des Begriffs. Die Bezeichnung bleibt identisch, die evaluative Konnotation ähnlich, die damit verbundene Semantik aber hat sich nahezu ins Gegenteil verkehrt. Denn statt des zweckfreien und ganzheitlichen, auf das Individuum bezogenen und sich dem bourgeoisen Utilitarismus entgegenstellenden Ideals wird Bildung heute als sich ökonomisch auszahlender, oft über Spezialisierung erfolgender Weg des gesellschaftlichen Aufstiegs verstanden. Es wäre aber ein (ideologisches) Missverständnis, wenn die Begriffsgeschichte die neueren Verwendungen des Wortes aus der Semantik herleiten wollte, die dem Wort seine Reputation verschafft hat. Über die *Konnotationen*, die den semantischen Kerngehalt gar nicht betreffen müssen, kann sich auch eine soziale Trägerschicht konstituieren. Zur politischen Semantik gehört, dass es für politische Parteiungen günstig ist, positiv konnotierte Wörter sich selbst zuzuordnen, negativ konnotierte der gegnerischen Seite. Auch weil eine Kontextveränderung die Semantik eines Begriffs verändert, ist eine isolierte monografische Wort- und Bedeutungsgeschichte nicht möglich.

Zwar gibt es immer wieder gesellschaftspolitisch oder ideologisch motivierte und interessenpolitische oder marketingstrategische Versuche, die Verwendung einzelner Wörter oder einen bestimmten Sprachgebrauch durchzusetzen. Es dürfte jedoch kaum vorkommen, dass ein Phänomen von einem Tag auf den anderen erfolgreich umbenannt wird. Willibald Steinmetz sieht »drei typische Verlaufsformen für die Erklärung des semantischen Wandels« (Steinmetz 2008: 188), wobei er vor allem den *Bezeichnungswandel* im Blick hat und mit Koselleck von Erfahrungen ausgeht. Gerade der Bezeichnungswandel ist mit starken oder schwachen Metaphorisierungen verbunden, einfach weil ein Wort auf einen neuen Kontext angewandt wird. Steinmetz spricht *erstens* vom Wandel durch *Plausibilitätsverlust*: Ereignisse, die nicht mehr mit den gemachten Erfahrungen vereinbar sind, bzw. Situationen, die kein erfolgreiches Handeln mehr versprechen, verlangen nach neuen Bezeichnungen (›Revolution‹ statt ›Unruhe‹). Ein anderes, heutiges Beispiel wäre die Ablösung des alten philosophischen Subjekt- durch den Akteurs- und Agencybegriff; damit reagieren Theorien auf die Erfahrung sich verselbständigender, den Menschen entgleitender ›natürlicher‹ oder gesellschaftlicher Prozesse. *Zweitens* nennt Steinmetz als Ursache des Wandels die *Zu- und Abnahme des strategischen Gebrauchswerts* von Wörtern und Redeweisen. »Wörter gewinnen in der politischen Kommunikation an Gebrauchswert, wenn sie die Fähigkeit besitzen, möglichst viele disparate Einzelerfahrungen zu bündeln. In der politischen Kommunikation sind möglichst abstrakte, nach vielen Seiten hin anschlussfähige und vielseitig auffüllbare Ausdrücke besonders vorteilhaft.« (Ebd.: 189) Als ein Beispiel hierfür ließe sich Wolfgang Schieders und Christof Dippers Feststellung anführen, dass in der Nachkriegszeit statt von »Propaganda« nun in der Regel von »Öffentlichkeitsarbeit« gesprochen wurde, wobei die Sache selbst »eine politische Selbstverständlichkeit« geworden sei. Ein weiteres Beispiel ist ›Gleichheit‹: Der Begriff wird schon ab 1970 kaum noch als positiv besetztes, auf die Gesamtgesellschaft bezogenes Schlagwort verwendet, an seine Stelle treten ›Gleichberechtigung‹ und ›Gleichstellung‹. Hier sei auf den strategischen und wohlfeilen Nutzen verfeinerter Semantik hingewiesen, die nicht selten an die Stelle realer Handlungen tritt; man denke an die hochsubtilen Differenzierungen bei der korrekten Bezeichnung Angehöriger nichteuropäischer Ethnien und deren reale Behandlung an den europäischen Grenzen. *Drittens* sind *Irritationen des Wort- und Bedeutungshaushaltes* durch Wortimporte aus einer anderen Sprache möglich, wobei es sich auch um Fachsprachen handeln kann (z.B. Begriffe aus dem Verkehrswesen oder der Computertechnik, die, wie etwa Jürgen Link in seinen Forschungen zur Kollektivsymboltheorie gezeigt hat, mitunter ein ganzes Ordnungssystem im Interdiskurs bilden können). Die neu eingeführten (Fremd-)Wörter erlauben dann weitergehende semantische Differenzierungsprozesse (Steinmetz 2008: 192). Auch solche Veränderungen lassen sich nur im größeren Kontext untersuchen, denn welchen Status und welche Dominanz eine andere National- oder Fachsprache haben kann, hängt nicht allein von sprachimmanenten Logiken, sondern auch von kulturellen Hegemonien, wechselnden Führungsrollen etc. ab. So lässt sich mit Blick auf die westliche Wissenschaftssprache für das 18. Jahrhundert die Dominanz des Französischen, für das 19. Jahrhundert des Deutschen und in jüngster Zeit schließlich des Englischen konstatieren. Ein Beispiel dafür, wie ein Neologismus durch Übersetzung eingeführt werden kann, ist ›Empfindsamkeit‹. Gotthold Ephraim Lessing empfahl 1768, den Roman *A Sentimental Journey Through France and Italy* von Laurence Sterne mit dem Titel *Yoricks empfindsame Reise* zu übersetzen. Da der Roman in Form eines Reiseberichts weniger die Kultur oder Sitten der besuchten Lander schilderte, sondern die subjektiven Empfindungen des Reisenden, versuchte Lessing, die aufbrechende Differenz zwischen innerer und äußerer Erfahrung sprachlich zu fassen. Das Wort Empfindsamkeit, das zunächst nur für die Übersetzung eines Romans verwendet wurde, diente dann zugleich zur Bezeichnung eines Genres, später der Bezeichnung einer ganzen Epoche.

Als Faktoren in einem starken Sinne gelten der Begriffsgeschichte die kühnen begrifflichen Manöver, wie sie auf den öffentlichen Schauplätzen des Streits und der Kritik im Interesse der Verschiebung der diskursiven Kräfte- und der gesellschaftlichen Machtverhältnisse unternommen werden. Ein Beispiel für einen solche Begriffsverwendung ist auf dem Feld der Theorie etwa die von Marx vorgenommene Übertragung des aus der Ethnologie und Religionskritik stammenden Begriffs Fetischismus in das Feld der Politischen Ökonomie – ein erkenntniskritischer Verfremdungseffekt, mit dem Marx die irrationalen Aspekte der von der bürgerlichen Wissenschaft der Politischen Ökonomie für natürlich (und damit für unveränderbar) gehaltenen ökonomischen Formen und Anschauungsweisen und zugleich eine politische Veränderungsabsicht zum Ausdruck bringen will.

7. Sattelzeit und Schwellenzeiten

Die Begriffsgeschichte als historiografische Methode hat die neuzeitliche Erfahrung zur Voraussetzung, dass die Sprache historischer Veränderung unterliegt und dass alte und neuere Wortbedeutungen differieren und oft auseinanderfallen. Seit dem 19. Jahrhundert gewinnen in Wörterbüchern wie dem Grimm'schen die historischen Dimensionen von Begriffen sowie die Kartierung der Vielfalt von Verwendungsweisen einzelner Ausdrücke an Bedeutung. Die Dynamisierung des Sprachwandels hat im 20. Jahrhundert dann dazu geführt, dass alle Disziplinen – einschließlich der Naturwissenschaften – die historischen Dimensionen ihrer Begriffe reflektiert haben. Dabei wurden zahlreiche Analysekategorien erarbeitet, um verschiedene historische Wissensordnungen und Arten begrifflicher Veränderungen zu reflektieren: Das Spektrum reicht von weit ausgreifenden Thesen zu Epochenschwellen und Epochenumbrüchen, die ganze Sprachen und Vokabulare betreffen, über semantische Transformationen kultureller Felder oder Disziplinen bis hin zur Reflexion des Bedeutungswandels einzelner Ausdrücke und Zeichen. Der gemeinsame Nenner aller dieser Anstrengungen besteht jedoch darin, durch die Reflexion dieses Wandels zu einem geschärften Bewusstsein historischer Differenzen und so auch zu einem besseren historischen Selbstverständnis beizutragen. Die Begriffsgeschichte kann in dieser Perspektive als eine Art Schwellenkunde betrachtet werden, der es darum geht, den historischen Index von Bedeutungskomplexen sowie die historischen Tiefenschichten und Ladungen von Begriffen zu erfassen.

Mit der Metapher der *Epochenschwelle* hat Hans Blumenberg versucht, den Zeitraum zwischen zwei Epochen zu fassen. Epochenschwellen interpretiert er als »unmerklichen Limes« (Blumenberg 1988: 545), der an kein prägnantes Datum oder Ereignis gebunden ist. Blumenberg schließt sich der überkommenen Einteilung in Antike, Mittelalter und Neuzeit an, will aber im Gegensatz zu einer distinkten Epochengrenze Schwellen als Zonen des Übergangs beschreiben. Für Epochenschwellen in diesem Sinne gibt es keine unmittelbaren Zeitzeugen. Ihre Erforschung überschreitet das Selbstbewusstsein einer jeweiligen Zeit, sie sind nur post festum, aus der historischen Distanz heraus feststellbar.

Das wohl bekannteste und einflussreichste Deutungsmuster eines sprachlichen Epochenumbruchs ist das von Reinhart Koselleck für das Lexikon der *Geschichtlichen Grundbegriffe* entwickelte Konzept der sogenannten *Sattelzeit*, die Koselleck auf die Jahre 1750 bis 1850 datiert (Koselleck 1967: 82). Das Lexikon geht von der Vermutung aus, »daß sich seit der Mitte des 18. Jahrhunderts ein tiefgreifender Bedeutungswandel klassischer topoi vollzogen« hat, der als sprachlicher Ausdruck der »Auflösung der alten und der Entstehung der modernen Welt« (Koselleck 1972: XIV) verstanden wird. Der Bedeutungswandel betrifft also den gesamten Sprachhaushalt. Eine Grundthese des Wörterbuchs ist, dass die alten, vormodernen Begriffe übersetzungsbedürftig geworden und uns ohne eine Rekonstruktion nicht mehr verständlich sind.

So entstammte etwa die vormoderne Grundbedeutung von ›Revolution‹ der Betrachtung des Umlaufs der Gestirne und meinte einen ewigen Kreislauf. Die moderne Bedeutung von ›Revolution‹ löst sich von naturgesetzlichen Vorgängen und meint gerade das Gegenteil, nämlich einen in eine offene, unbekannte Zukunft führenden, oft gewaltsam verlaufenden Prozess. Ein anderes Beispiel ist die Bedeutung von ›veralten‹. In Luthers Bibelübersetzung findet sich die Wendung »ein veralteter Greis« sowie der Satz: »Ihre Kleider und Schuhe veralteten nicht.« Immanuel Kant spricht vom Veralten der Erde. Luther und Kant meinen mit ›veralten‹ aber nichts anderes als alt werden oder altern, gealtert sein. In der Moderne wird dann ›Veralten‹ in der Bedeutung des Überholt-, Unzeitgemäß- oder Unmodernseins dominant. Ein Gegenstand kann hier bereits veraltet sein, obwohl er nagelneu ist – dann zum Beispiel, wenn zur selben Zeit ein anderes Modell auf den Markt gebracht wurde, das als leistungsfähiger, schneller oder in irgendeinem Sinne besser eingeschätzt wird.

Als wichtigstes übergreifendes Merkmal des epochalen Sprachwandels der Sattelzeit sieht Koselleck die *Verzeitlichung* der Begriffe. Die Begriffsbedeutungen orientieren sich nicht mehr an natürlichen Abläufen und gewinnen temporale Qualitäten. Diese Zeitlichkeit ergibt sich aus dem Auseinandertreten von Erfahrung und Erwartung: Mit dem Übergang zur Moderne entstanden neue Erfahrungen, die sich nicht mehr aus den bisherigen Erfahrungen ableiten ließen. Sie wurden so zugleich zum Ausgangspunkt von Erwartungen, die sich von dem unterschieden, was alle bisherigen Erfahrungen geboten hatten, und die früher überhaupt nicht gehegt werden konnten. Begriffe dienen unter diesen Bedingungen nicht mehr nur dazu, die Wirklichkeit nach Maßgabe der Tradition zu erfassen, sondern sie greifen zunehmend voraus in die Zukunft – mit der Folge, dass der Erfahrungsgehalt vieler Begriffe geringer, der darin enthaltene politische Anspruch auf Wirklichkeitsgestaltung dagegen größer wird. Eng verknüpft mit der Verzeitlichung der Sprache sind die *Politisierung* (u.a. die utopische Aufladung und zukunftsprägende Leistung der Begriffe, die zu ›Vorgriffen‹ werden), *Demokra-*

tisierung (Begriffe, die zunächst nur unter Gebildeten bekannt sind, finden in andere soziale Schichten Eingang, was zusätzlich legitimiert, eine Historische Semantik der Moderne als Begriffsgeschichte zu konzipieren) und *Ideologisierbarkeit* (womit der Zusammenhang zwischen semantischer Mehrdeutigkeit und weltanschaulicher, standortgebundener, parteilicher Besetzbarkeit der Begriffe gemeint ist). Diese Transformationen sind verbunden mit einem tiefgreifenden Strukturwandel der Öffentlichkeit, der immer breiteren Kreisen politische Artikulationsmöglichkeiten eröffnet und etablierte Herrschaftsformen unter zunehmenden Legitimationsdruck setzt. Während der Sattelzeit bilden sich zudem ganz neue Begriffstypen heraus. Dazu gehören vor allem die bereits erwähnten sogenannten *Kollektivsingulare* (wie etwa: *der* Fortschritt, *die* Geschichte), die aus der verallgemeinernden Zusammenfassung von Pluralbegriffen (die Fortschritte, die Geschichten) hervorgegangen sind. Ein anderer neuer Begriffstyp sind die Bewegungsbegriffe mit der Endung -ismus (wie Republikanismus, Liberalismus, Sozialismus), die oft die Entstehung neuer politischer Strömungen reflektieren (Koselleck 2006c: 68-69). Die Diagnose solcher historischer Epochenschwellen ermöglicht epistemologische Befunde wie den, dass heute gängige Begriffe wie Beschleunigung, Fortschritt oder Konkurrenz in der Antike und im Mittelalter vollständig fehlen und auf eine grundsätzliche Veränderung der kollektiven Wahrnehmung verweisen. Zu den Wendungen, die sich in der Sattelzeit herausgebildet und bis heute gleichsam als stehende Wendungen erhalten haben, gehören etwa ›immer schneller‹ oder ›zunehmend‹. Zugespitzt formuliert, wird die Begriffsgeschichte überhaupt erst durch das Aufreißen der Kluft zwischen Erfahrungsraum und Erwartungshorizont ermöglicht.

Wie Kosellecks sozialgeschichtliche Begriffsgeschichte mit einer Theorie historischer Zeiten und einer Theorie der Moderne verknüpft ist, so ist auch für den Soziologen Niklas Luhmann die (Historische) Semantik weit mehr als nur eine Hilfswissenschaft. Zu ihren Voraussetzungen gehört eine ›sensible soziologische Theorie‹. Semantik und soziale Systeme (wie Wirtschaft, Politik, Religion, Recht, Wissenschaft, Medien) hat er äußerst eng zusammengedacht, insofern er die sozialen Systeme grundsätzlich selbst als Gefüge von Kommunikationen und damit als Sinnsysteme konzipierte. Hintergrund der Theorie Historischer Semantik ist Luhmanns Modell eines Übergangs von stratifikatorischen zu funktionalen (oder modernen) Gesellschaften. »Seit der zweiten Hälfte des 18. Jahrhunderts kann man sich vorstellen, daß semantische Traditionen, und seien es solche heiligster Art, mit der gesellschaftlichen Entwicklung variieren.« (Luhmann 1980: 9) Damit bekommt die Historizität der Semantik selbst – ähnlich wie in Kosellecks Sattelzeittheorie, auf die Luhmann sich bezieht – einen historischen Index. An die Stelle von Kosellecks vier hypothetischen Strukturmerkmalen der Moderne setzt Luhmann, anknüpfend an den amerikanischen Soziologen Talcott Parsons, die formalere Hypothese einer systemischen Ausdifferenzierung und einer damit verbundenen Komplexitätssteigerung. Diese These ist an die systemtheoretische Annahme geknüpft, dass sich gesellschaftliche Subsysteme mit eigenen binären Codes (z.B. in der Wirtschaft: zahlen/nicht zahlen; in der Politik: Macht/keine Macht; im Wissenschaftssystem: wahr/unwahr) herausbilden, wobei Luhmann darauf verzichtet, die Kultur selbst als ausdifferenziertes System zu betrachten.

Parallel zu und weitgehend unvermittelt mit seinen begriffsgeschichtlichen Untersuchungen hat Reinhart Koselleck in Bezug auf die Denkmalgeschichte markante Epochenschwellen herausgearbeitet, die sich ihm zufolge besonders deutlich markieren lassen, »wenn die Frage nach der optischen Signatur eines Zeitalters gestellt wird. Eine Schwelle wird überschritten, wenn eine ehedem vorgegebene Zeichenwelt nicht mehr einsichtig ist, sinnlich wohl noch wahrnehmbar sein mag, aber nicht mehr begriffen werden kann.« (Koselleck 1998a: 27)

Bei Hans Blumenberg steht die Eruierung von Epochenschwellen und Epochenumbrüchen im Zusammenhang mit seiner Theorie sogenannter *absoluter Metaphern*. Unter ihnen versteht Blumenberg solche Metaphern, die sich als *Grundbestände* der philosophischen Sprache »nicht ins Eigentliche, in die Logizität zurückholen lassen« (Blumenberg 1960/1998: 9). Sie können also durch keinen Begriff ersetzt oder verdrängt werden. Zu solchen absoluten Metaphern gehören unter anderem das ›Buch der Natur‹, die ›nackte Wahrheit‹ oder das ›Licht der Erkenntnis‹. Blumenberg spricht diesen absoluten Metaphern zu, »Geschichte in einem radikaleren Sinn als Begriffe« zu haben, weil der historische Wandel einer Metapher »die Metakinetik geschichtlicher Sinnhorizonte und Sichtweisen selbst zum Vorschein [bringt], innerhalb deren Begriffe ihre Modifikationen erfahren« (ebd.: 13). Wenn Blumenberg absolute Metaphern auch als »Leitfossilien einer archaischen Schicht des Prozesses der theoretischen Neugierde« (Blumenberg 1979: 77) beschreibt, dann verwendet er – ähnlich wie Koselleck mit seinem Zeitschichtenmodell – eine Metapher aus der Geologie bzw. der Paläontologie, in denen Leitfossilien als untrügliche Indikatoren zur Altersbestimmung verschiedener Gesteinsschichten gelten. Den Wandel absoluter Metaphern untersucht Blumenberg mit dem operativen Theorem der *Umbesetzung*, worunter er den Prozess der Ersetzung einer epochal nicht mehr befriedigenden Antwort durch eine neue versteht. Die Frage fungiert dabei als konstantes, Zeitabschnitte oder Epochen übergreifendes Grundthema, das die Tiefenstruktur der Umbesetzungsvorgänge bildet. Dieser anthropologischen (und damit letztlich unhistorischen) Auffassung wurde zu Recht entgegengehalten, dass sich die Metakinetik des historischen Horizontwandels nicht nur in den Umbesetzungen der Antworten zeige, sondern weit radikaler auch die Fragestellungen selbst betreffe (vgl. Kopp-Oberstebrink 2014). Die Notwendigkeit der Historisierung der Fragestellungen lässt sich am Auftauchen der Metapher der Eisenbahn im Zusammenhang der Fortschrittsphilosophie des 19. Jahrhunderts verdeutlichen, die Blumenberg selbst als Beispiel für einen epochalen Bewusstseinswandel anführt. »Man muss sehen, in welchem Maße diese Metapher abweicht von der gesamten Metaphorik, die sich vom Vorgang des Bauens und der Errichtung von Gebäuden bis hin zu Systemen als babylonischen Türmen ableitet.« (Blumenberg 1986: 248) Vergleicht man diese einstmals revolutionäre, ›bahnbrechende‹ Metapher mit der Metaphorik, die im 20. Jahrhundert im Zusammenhang mit der ökologischen Krise auftaucht, dann erscheint sie retrospektiv selbst wiederum als vergleichsweise berechenbar und ungefährlich. Zu diesen neuen Metaphern für Geschichte, die zugleich eine radikale Abkehr vom überkommenen Fortschrittsbegriff bedeuten, gehören etwa die ›tickende Zeitbombe‹, die ›Sackgasse‹, der ›Teufelskreis‹, der ›Feuersturm‹, der ›Kollisionskurs‹ oder das ›Krebsgeschwür‹ (im Sinne eines verselbständigten, wuchernden und zerstörerischen Wachstums).

Die begriffsgeschichtliche Forschung hat in ihren Untersuchungen der Transformationen während der Sattelzeit deutlich gemacht, dass die Moderne eine eigene, genuin geschichtliche Semantik hervorgebracht hat. Dieser Befund steht im Einklang mit verschiedenen Theorieansätzen, die gegen die Universalisierung von Begriffen und gegen falsche Rückspiegelungen moderner Kategorien auf vormoderne Verhältnisse argumentieren. So wurde etwa Autoren historischer Spezialarbeiten zu Themen wie ›Naturkatastrophen in der Antike‹ mangelnde historisch-kritische Reflexion vorgeworfen, weil sie sich nicht bewusst gemacht haben, dass sie mit einem *terminus post quem* operieren (Briese 2009: 24-25).

Kosellecks Konzept der Sattelzeit weist Gemeinsamkeiten mit Ansätzen der französischen Wissenschaftsgeschichte auf. Michel Foucault hat in *Die Ordnung der Dinge* verschiedene historische Wissensordnungen voneinander unterschieden und die Konzepte der Episteme und des historischen Apriori entwickelt, um die Begrenztheit und jeweilige Eigenart dieser Wissensordnungen herauszuarbeiten. Wie Koselleck betrachtet er das an der Wende zum 19. Jahrhundert entstehende Zeitalter der Moderne als eine geschichtliche Ordnung, die einen radikalen Bruch mit den Ordnungscodes und Klassifikationsschemata des vorangegangenen Zeitalters der Klassik markiert (vgl. Foucault 1974: bes. 22-25). Insbesondere in seiner als Methodenschrift zu verstehenden *Archäologie des Wissens* hat Foucault sich gegen die Vereinheitlichung von Wissensformen gewandt und die Vielgestaltigkeit von Diskursen und Diskursveränderungen betont. Entsprechend bedürfe es einer hohen Sensibilität bei der Erarbeitung von oder im Umgang mit Begriffen, die verschiedene Formen von Diskontinuität zu denken erlauben (etwa Schwelle, Bruch, Einschnitt, Wechsel, Transformation etc.). Foucault greift damit eine Problemstellung der französischen Wissenschaftshistoriker Gaston Bachelard und Georges Canguilhem auf. Letzterer hatte zwischen ›rupture‹ oder ›fracture‹ (Bruch), ›coupure‹ (Einschnitt) oder ›déchirure‹ (Zerreißen) differenziert. Foucault unterscheidet in der *Archäologie des Wissens* verschiedene Schwellen und ihre Chronologien, unter anderem die Schwelle der Ideologisierung, der Wissenschaftlichkeit, der Formalisierung und der Positivität. »Man spricht nicht von der gleichen Diskontinuität, wenn man eine epistemologische Schwelle, die Richtungsänderung einer Bevölkerungsgruppe oder die Substitution einer Technik durch eine andere beschreibt.« (Foucault 1981: 18)

Ähnlichkeiten zu Kosellecks Sattelzeit weist auch das Konzept der Zeit(en)wende auf, das Richard Koebner in den 1940er Jahren entwickelte. »Seit ungefähr 1750«, so Koebner, sei »ein Bedeutungswandel vor sich gegangen, der das ganze politische Vokabular erfasst hat« (Koebner 1941–43/1990: 272). Koebner zufolge vollzog sich dieser Wandel enorm schnell: »Im Verlauf dieser beiden Jahrhunderte wandelten und erneuerten sich politische und historische Begriffe mit ungeheurem Tempo.« (Ebd.: 220) Im Unterschied zu Koselleck, der die Bedeutung der während der Sattelzeit gebildeten Begriffe bis in die Gegenwart als relativ stabil betrachtet, geht Koebner allerdings von einem permanenten Wandel aus. Ohne Bezug auf Koebner ist in den jüngeren Diskussionen zur Begriffsgeschichte die These diskutiert worden, ob für das 20. Jahrhundert von einer ›zweiten Sattelzeit‹ gesprochen werden kann. Es besteht kein Zweifel daran, dass sich die semantischen Transformationen auch im 20. Jahrhundert fortsetzen. Ein Indiz dafür ist der Bewegungsbegriffstyp mit der Endung -isierung, der vereinzelt schon im 19. Jahrhundert begegnet, im 20. Jahrhundert aber dann stark prägend wird (Digitalisierung, Automatisierung, Globalisierung). Es ist jedoch davon auszugehen, dass die Transformationen von anderer Qualität und die Zäsuren bei Weitem nicht so gravierend wie in der Sattelzeit sind. Statt von einem großen Strukturwandel ist wohl eher von einem allgemein beschleunigten Sprachwandel mit zahlreichen Transformationsschwellen auszugehen, ähnlich denen, die Koebner mit dem Konzept der Zeit(en)wende gefasst hatte.

Relativierungen des Konzepts der Sattelzeit ergeben sich auch mit Blick auf Entwicklungen anderer Sprachen. John Pocock, Protagonist der Cambridge School, setzt für das politisch-soziale Vokabular in England als Sattelzeit die Phase zwischen 1500 und 1800 an. Das von Rolf Reichardt herausgegebene *Handbuch politisch-sozialer Grundbegriffe* in Frankreich geht ebenfalls von einem deutlich früher beginnenden und längerfristigen semantischen Strukturwandel aus, der den Zeitraum von 1680 bis 1820 umfasst. Ein Projekt zu Ostasien nimmt ebenfalls die Anregung der These einer Sattelzeit auf, setzt diese aber für die Zeit von der Mitte des 19. bis zur Mitte des 20. Jahrhunderts an. Es ist die Zeit des Übergangs von einer langen vormodernen Ordnung zu einer kulturellen und militärischen westlichen Invasion, die strukturgeschichtlich als Modernisierung verstanden werden kann. Mit solchen Übertragungen und vergleichenden Untersuchungen ist auch die Frage verbunden, ob sich die mit Kosellecks Sattelzeitthese verbundenen Interpretamente wie Verzeitlichung, Demokratisierung, Ideologisierbarkeit und Politisierung auf andere, vor allem außereuropäische Sprachräume übertragen lassen oder ob hier nicht andere Begriffe (zum Beispiel Verwestlichung, Kolonialisierung, Anglisierung) im Vordergrund stehen.

Unterhalb der umfassenden Epochenumbrüche, die das gesamte Vokabular einer Gesellschaft betreffen, hat die Begriffsgeschichte auch begrenztere Umbrüche und Schwellen im Blick. Thomas S. Kuhn, der amerikanische Wissenschaftshistoriker, hat in seinem wegweisenden Buch *Die Struktur wissenschaftlicher Revolutionen* den Begriff des *Paradigmas* eingeführt, um die Diskontinuitäten in der Entwicklung einzelner Wissenschaften herauszuarbeiten. Die Paradigmendifferenz wird von Kuhn wesentlich sprachlich, als Differenz der Begriffssysteme dargestellt. Die wissenschaftlich relevanten Ausdrücke sind Kuhn zufolge vor und nach einer wissenschaftlichen Revolution jeweils in verschiedene Systeme empirischer und semantischer Aussagen eingebettet, so dass mit identischen Ausdrücken jeweils Dinge ganz verschiedener Art gesagt werden. Kuhn geht sogar so weit zu sagen, dass Wissenschaftler vor und nach einem Bruch bzw. Anhänger verschiedener wissenschaftlicher Paradigmen verschiedene Sprachen sprechen und einander nicht verstehen können – sie leben gleichsam in verschiedenen Welten. Die Begriffe ihrer jeweiligen Theorien sind inkommensurabel und können Kuhn zufolge nicht ineinander übersetzt werden. Ein Beispiel für eine solche Paradigmendifferenz ist etwa die Verwendung des Kraftbegriffs im Rahmen der aristotelischen Theorie und in der mechanischen Bewegungslehre. Auf einer allgemeineren philosophischen Ebene hat Martin Heidegger herausgestellt, dass sich die neuzeitliche Wissenschaft von der älteren nicht lediglich grad- oder umfangsweise abhebt; die Auffassung, dass jedes Zeitalter der Geschichte sein Weltbild hat, weist er zurück. »Das Weltbild wird nicht von einem vormals mittelalterlichen zu einem neuzeitlichen, sondern dies, dass überhaupt die Welt zum Bild wird, zeichnet das Wesen der Neuzeit aus.« (Heidegger 1938/1977: 90)

Kuhns Paradigmabegriff wurde vielfach aufgegriffen und auf andere Gegenstände übertragen. John Pocock bedient sich des Begriffs zum Beispiel, um die Unterschiede und Gegensätze verschiedener politischer Sprachen zu bezeichnen. Besondere Aufnahme hat der Paradigmabegriff in soziologischen und sprachwissenschaftlichen Arbeiten gefunden, produktiv gemacht wurde er aber auch in der Geschichtswissenschaft, den Kulturwissenschaften und der Wirtschaftswissenschaft. Ein Grund dafür liegt in seiner Eignung, die Konturen zeit- und gruppentypischer Gemeinsamkeiten genauer als andere Konzepte (wie etwa Zeit- oder Volksgeist) herauszuarbeiten. Im Werk von Kuhn deutet sich an, dass wichtige epistemologische Umbrüche (›Paradigmenwechsel‹) häufig durch metaphorische Transfers bewerkstelligt werden. Beispiele für solche signifikanten Übertragungen und Registerwechsel, die mit wissenschaftlichen Revolutionen verbunden waren, sind Darwins Übernahme des von dem Soziologen Herbert Spencer geprägten Ausdrucks *survival of the fittest*, Marx' Transformation des religionskritischen oder ethnologischen Fetischbegriffs in eine erkenntnis- und ökonomiekritische Kategorie oder die Einführung des Informationsbegriffs in die Genetik.

Ein Konzept ›mittlerer Reichweite‹ ist das des semantischen Umbaus, das disziplinenübergreifend strukturelle Gesamtsemantiken betrifft. In diesem Sinne gehen Georg Bollenbeck und Clemens Knobloch in ihrem Forschungsprojekt »Semantischer Umbau der Geisteswissenschaften« von der These aus, »daß man die Druckempfindlichkeit der legitimationsschwachen geisteswissenschaftlichen Fächer, ihre Empfänglichkeit für den allgemeinen Zeitgeist und Denkstil, an den politischen Systemumbrüchen des 20. Jahrhunderts aufweisen kann« (Bollenbeck/Knobloch 2001: 5-8). Das Projekt untersucht Austauschprozesse zwischen Fachkommunikation und politisch-sozialer Alltagskommunikation, vor allem sogenannte Scharnierbegriffe, die die Verbindung zwischen Forschung und öffentlicher Resonanz betreffen, sowie die Basissemantik der jeweiligen politischen Systeme (Wert- und Identifikationsbegriffe wie Volk, Reich, Klasse, Europa, Menschenrechte).

Auf einer noch darunterliegenden Ebene geht es der Begriffsgeschichte um die Erkundung innovativer Wende- und Knotenpunkte im Gebrauch bestimmter Wörter. Eine wichtige epistemologische Anzeigefunktion kommt hier unter anderem distanzierenden Anführungszeichen oder sprachreflexiven Ausdrücken wie ›gewissermaßen‹ oder ›sogenannt‹ zu. Als Formen einer Distanzierung vom Sprachgebrauch zeigen sie an, dass überkommene Bedeutungen nicht mehr als selbstverständlich hingenommen werden. Nach Martin Wengeler kann die gezielte Suche nach solchen expliziten Wortthematisierungen beim Auffinden von Belegstellen helfen, die das Auftauchen neuer oder den Plausibilitätsverlust älterer Bedeutungen anzeigen. Mit ihnen werden Schwellen vom okkasionellen zum usuellen Wortgebrauch sichtbar und die Erfassung des Auftretens semantischer Innovationen stärker objektivierbar. Besonders in den sprachgeschichtlichen Forschungen der Düsseldorfer Schule ist deshalb das Suchen nach durch Anführungszeichen explizit gemachten Sprachthematisierungen zu einer zentralen Findungsmethode erhoben worden (vgl. Wengeler 2002: bes. 67-71). In einer längerfristigen historischen Perspektive lässt sich ein grundlegender Bedeutungs- und Funktionswandel dieser Zeichen nachweisen. Handelte es sich bei früheren Verwendungen um das Einrücken einer fremden Rede ins eigene Sprechen (Zitatfunktion von Anführungszeichen) oder um die gezielte Distanzierung von einem üblichen Sprachgebrauch, so tritt im Zusammenhang der Auseinandersetzung mit der Schoah sowie den Diskussionen um die Konsequenzen des Einsatzes und der Weiterentwicklung der Atomwaffen eine neue Bedeutung bzw. Funktion von Anführungszeichen hinzu. Sie kommen nun auch zum Einsatz, um ein sachlich angemessenes Sprechen hervorzuheben, das seinen Gegenstand nicht mehr verantworten kann (vgl. Schmieder 2013).

8. Benachbarte Methoden

Die Begriffsgeschichte ist nur eine von vielen Methoden der Erforschung historischer Semantik. Während Begriffsgeschichte, Metapherngeschichte und Diskursgeschichte lange Zeit als alternative und einander ausschließende Methoden angesehen wurden, geht man heute eher von einem produktiven Zusammenspiel aus (Bödeker 2002). Die Wahl der Zugänge hängt unter anderem von den jeweiligen Erkenntnisinteressen, verfügbaren Untersuchungsmaterialien und disziplinären Anwendungsfeldern ab. Dabei sind die Grenzen zwischen den Methoden oft uneindeutig und fließend. Die Kenntnis der vielfältigen Ansätze Historischer Semantik schärft das methodische Problembewusstsein und kann zu einer reflektierteren Praxis begriffsgeschichtlicher Forschung beitragen.

Bei der in der deutschen Philosophiegeschichte verwurzelten *Geistesgeschichte* und *Ideengeschichte*, auch in der stärker kulturgeschichtlich ausgerichteten amerikanischen Variante der *History of ideas*, handelt es sich um Ansätze einer stark synthetischen, oft auf das Ganze von Kulturen und Epochen zielenden Geschichtsbetrachtung. Auch die Geschichtswissenschaft war lange politische Ideengeschichte. Friedrich Meinecke etwa untersuchte die ›Staatsräson‹ als unwandelbare, überzeitliche Idee über historische Zeiträume hinweg. Die heterogenen Ansätze kommen dabei in ihrer weitgehenden Fixierung auf die Hochkultur, auf klassische Autorinnen und Autoren oder kanonisierte Werke überein. Eines der grundsätzlichen Probleme dieser Ansätze ist die Unbestimmtheit ihres Untersuchungsobjekts, das in der Regel als mit sich identische und sich kontinuierlich entwickelnde Einheit gefasst wird (Elementaridee, (Zeit-)Geist, Vernunft, Weltanschauung, Weltbild). Nicht selten versuchen Vertreter dieser Richtung, ihre Untersuchungsgegenstände durch ein Sich-Hineinversetzen in die Lage der historisch Handelnden zu verstehen. Im Unterschied zur Begriffsgeschichte beschäftigt sich die Ideengeschichte mit Vorstellungen und Konzepten oft unabhängig von der Bezeichnungsebene. Epistemologische Verwerfungen und Differenzen, Ungleichzeitigkeiten, materiale Voraussetzungen und soziale Widersprüche der Ideenproduktion werden so nicht selten eingeebnet.

Insbesondere seit der zweiten Hälfte des 20. Jahrhunderts haben die Geistes- und Ideengeschichte grundsätzliche Kritik (u.a. durch Michel Foucault und Quentin Skinner) erfahren. Jüngere Entwicklungen der Ideengeschichte wie die *Neue Ideengeschichte*, die *Intellectual History* oder die *New Cultural History* haben auf diese Kritik reagiert und sie in ihr Konzept einbezogen. Der Begriffsgeschichte kommt dabei eine wichtige Brückenfunktion zu, um z.B. auf dem Feld der politischen Ideengeschichte anhand der Untersuchung des Wandels von Leitbegriffen den historischen Zusammenhang von Ideen und politischem Handeln zu erschließen. Umgekehrt bleibt die Ideengeschichte als problemorientierte Untersuchung gesellschaftlicher Leitvorstellungen für die Begriffsgeschichte relevant, weil sie epochale Einheiten auch abseits semantischer Selbstthematisierungen untersucht und damit Wissensformen in ihren übergreifenden Zusammenhängen und semantischen Verwebungen erfasst, die durch die Begriffsgeschichte methodisch durchtrennt werden. Mitunter wird heute die Ideengeschichte sogar als umfassender Oberbegriff verwendet, unter dem dann auch die Begriffsgeschichte gefasst wird (Stollberg-Rilinger 2010). Ein neuerer Versuch, über die Ideengeschichte Anschluss an andere Diskurse der Historischen Semantik zu finden, ist die von Dieter Henrich entworfene philosophische *Konstellationsforschung*. Henrichs Ansatz, einen immanenten Entfaltungszusammenhang (also Mikrostrukturen entlegener Quellen, wie unveröffentlichte Briefwechsel, Rezensionen und Tagebücher, Querverbindungen und Filiationen) zu eruieren, ist der traditionellen Geistes- und Ideengeschichte aber nicht ganz unähnlich und erfordert die Einbeziehung zusätzlicher determinierender Faktoren, vor allem sozialhistorischer, um etwa Phänomene wie den Deutschen Idealismus zu erklären. Der Ansatz ist auch nur dann praktizierbar, wenn reichhaltiges Quellenmaterial verfügbar ist.

Das Interesse der zunächst vor allem von der französischen Annales-Schule betriebenen *Mentalitätsgeschichte* gilt der Herausbildung, der längerfristigen Stabilität und dem Wandel kollektiver Verhaltensweisen und Einstellungsmuster in größeren Zeiträumen. Während es in der Begriffsgeschichte jeweils um den Wandel der Semantiken geht, liegt der Akzent in der Mentalitätsgeschichte auf dem Nachweis ihrer longue durée und der Bedeutung des Unbegrifflichen. Entstanden ist sie in Abgrenzung von einer auf einzelne Ereignisse und Individuen bezogenen politischen Geschichtsschreibung sowie von geistesgeschichtlichen Ansätzen. Das Konzept der *mentalité*, das im bewussten Gegensatz zur Exklusivität des *esprit* und des *spirituel* stand, deutet auf eine Neubestimmung der als ›geistig‹ angesehenen Dimensionen hin: Der Begriff zielt nicht auf einzelne Ideen oder Begriffe, sondern auf Kollektivvorstellungen, die für bestimmte Epochen charakteristisch sind und neben ›höheren‹ kognitiven Leistungen auch unbewusste und affektiv-emotionale Dimensionen sowie dazugehörige Praxisformen (wie Feste, Rituale, Beichten) umfassen. Dementsprechend stehen in mentalitätsgeschichtlichen Untersuchungen nicht die Texte der ›höheren‹ Kultur, sondern die vielgestaltigen Formen alltäglicher Bedeutungsproduktion im Mittelpunkt (z.B. Kirchenregister, Zensurregister, Liederbücher, Flugblätter, Testamente etc.). Gleichzeitig wurden im Interesse einer stärkeren Objektivierung der Befunde strengere Anforderungen an die Korpusbildung formuliert und neue statistische Analyseverfahren entwickelt, die sich auch auf Bildquellen (ikonische Semantiken) beziehen.

Eine Stärke der Mentalitätsgeschichte liegt in der Einebnung des Gegensatzes von Hoch- und Massenkultur. Obwohl die Mentalitätsgeschichte sozialgeschichtlich orientiert ist, verwirft sie die Ableitung bestimmter Einstellungen aus Klassenlagen oder ökonomischen Strukturen. Mit der Betonung der Trägheit von Mentalitätswandeln treten die Eigendynamik und Eigenzeitlichkeit der materiell und geografisch verankerten kulturellen Bedeutungsproduktion und damit die Ungleichzeitigkeiten gegenüber ökonomischen Entwicklungen in den Blick. Der Status der mit vielen Methoden arbeitenden Mentalitätsgeschichte im Rahmen einer historischen Sozialwissenschaft ist jedoch nicht eindeutig. Der umfassende, auf das kollektive Bewusstsein und das kollektive Unbewusste abzielende Begriff der Mentalität hat zu der Einschätzung geführt, dass die Mentalitätsgeschichte mehr ist als eine weitere historische Spezialdisziplin: als »Grenz- und ›Integrationswissenschaft‹ zwischen Sozialpsychologie, Soziologie, Volkskunde, Linguistik und Literaturgeschichte« betreffe sie »ein lange vernachlässigtes Hauptgebiet der Sozialgeschichte insgesamt« (Reichardt 1978: 134). Nach dieser Auffassung erschließt die Mentalitätsgeschichte mit der kulturellen ›Innenseite‹ die psychisch-anthropologische Dimension der Sozialgeschichte. Wie der Historiker Jacques Le Goff herausstellt, nähert sich die Mentalitätsgeschichte der Ethnologie an, wenn sie die stabilste und unbeweglichste Schicht der Gesellschaften ausfindig zu machen sucht (Le Goff 1974/1989). Aufgrund des Interesses für die gleichsam automatisierten, als selbstverständlich geltenden und daher zumeist unbefragten gesellschaftlichen Einstellungen lässt sich die Mentalitätsgeschichte mit der Diskursgeschichte verbinden.

Der Allgemeinheitsanspruch der Mentalitätsgeschichte, der in ihrem Konzept der *histoire totale* anklingt, bringt auch Schwierigkeiten mit sich. Methodisch stellt sich vor allem die Frage, wie von den überlieferten Quellen einer Zeit auf deren Mentalität geschlossen werden kann. Eine weitere Herausforderung ergibt sich aus der unterstellten Trägheit und Beharrungskraft der Mentalitäten, wonach diese sich nur sehr langsam ändern und dementsprechend schwer zu beobachten sind. Dies ist auch deshalb der Fall, weil die Sprache zwar das allgemeine Medium der Präsentation von Traditionen und Erinnerungen ist, aber nicht Medium dieser selbst. Verhaltensdispositionen bilden sich auch abseits von Sprache, und in Mentalitätstraditionen kann Sprache eine nachgeordnete Rolle spielen. Kritiker der Mentalitätsgeschichte wie Carlo Ginzburg betrachten den Totalitätsanspruch der *histoire totale* als Problem, weil durch den sehr allgemeinen Begriff der Mentalität bedeutsame Differenzen (zwischen Klassen, Altersgruppen, Bewusstseinsgraden, Regionen etc.) verschleiert werden. Mentalitätsgeschichtliche Studien, die den sozialen Differenzen und synchronen Gegensätzen Rechnung tragen, wie sie etwa in Begriffen wie Denkkollektiv oder Ober- bzw. Unterschichtenmentalität anklingen, berühren sich mit der Ideologiegeschichte, die per definitionem auf Differenzen und Konflikte in den kollektiven Anschauungen abhebt.

Der Gegenstand, für den die Mentalitätsgeschichte entwickelt wurde, ist die im Ausgang des Mittelalters einsetzende Entwicklung insbesondere der französischen Gesellschaft von der relativ einheitlichen religiös-politischen Glaubensgemeinschaft zur nachchristlichen pluralistischen Kommunikationsgemeinschaft. Glaubensgewissheiten oder Entchristianisierungsprozesse spielen eine wichtige Rolle. Daran lässt sich die Frage knüpfen, ob sich die Mentalitätsgeschichte mit ihren Basisannahmen einer längerfristigen kollektiven Stabilität von Mentalitäten auf moderne Bedingungen übertragen lässt. Und umgekehrt stellt sich die Frage, ob neuere, auf Demoskopie, Massenkommunikationsanalyse und Persönlichkeitspsychologie basierte Untersuchungen zum sozialen Einstellungswandel, die offenkundig nicht ohne Weiteres auf die Vormoderne anwendbar sind, die Mentalitätsgeschichte zur Revision zentraler theoretischer Vorannahmen zwingen. Ein entsprechender Versuch ist der Vorschlag von Rolf Reichardt, den Begriff der Mentalität in den Begriff des ›sozialen Wissens‹ zu überführen, der es möglich macht, Einsichten der Wissenssoziologie einzubringen. Wie Reichardt zeigt, wäre hier auch ein Ort für die Begriffsgeschichte: im traditionellen Sinne, weil kollektive Einstellungen und Einstellungsänderungen nicht zuletzt in der Sprache zum Ausdruck kommen, und in einem interdisziplinären Sinn als Methode der Reflexion der Übertragungswege und Bedeutungsveränderungen von Begriffen und ihres schichtenspezifischen, schichtenneutralen oder Klassen und Kulturen übergreifenden Gebrauchs. Anschließbar ist hier auch das von Jürgen Link entwickelte Konzept des Interdiskurses, das auf die vergesellschaftenden Funktionen historisch verfestigter Kollektivsymbole abhebt.

Die *Problemgeschichte* entstand als Reaktion auf den historistischen Relativismus und eine psychologisch-biografische Philosophiegeschichtsschreibung. Während es älteren Konzeptionen (Wilhelm Windelband, Nicolai Hartmann) vor allem um die Herausarbeitung vermeintlich überzeitlicher Problembestände ging, zielen neuere Einsätze auf die Historizität sowohl von Problemen als auch von Problembeschreibungen. Gegen die Verabsolutierung von Gegenwartserfahrungen und geschichtsvergessenes Denken geht es um die Auslotung historischer Tiefenschichten aktueller Probleme oder um die Aktualität verschütteter Wissensbestände. Der Problembegriff sensibilisiert für die Wahrnehmung des Neuen, Unvorhergesehenen und verhilft zu einem schärferen Blick für ›wissenschaftliche Einschnitte‹, ›wissenschaftliche Revolutionen‹ oder ›Paradigmenwechsel‹. Der problemgeschichtliche Zugang hat sich über die Wissenschaftsgeschichte hinaus als unverzichtbar erwiesen, wenn es um die Kritik verschiedener historiografischer Fehlleistungen geht. Dazu gehören die Aufdeckung historischer Anachronismen, die ein angemessenes Verständnis historischer und zeitgenössischer Probleme behindern, falscher ›Vorläufer‹ und Genealogien, das Aufzeigen unreflektierter Rückprojektionen moderner Kategorien, die Vermischung von Analyse- und Quellensprache etc. Die Problemgeschichte konvergiert mit der Begriffsgeschichte, weil Begriffe ihre historische Bestimmtheit erst im Zusammenhang der Bewältigung bestimmter Probleme erhalten – die Wendungen von Begriffen als ›Denkmäler von Problemen‹ (Adorno) bzw. ›Chiffren komplexer Problembezüge‹ (Clemens Knobloch) bringen das auf den Punkt.

Die Problemgeschichte findet sich oft kombiniert mit der *Theoriegeschichte*. Als ein Zweig der Wissenschaftsgeschichte interessiert diese sich für die Formen und Ausprägungen von Theorie(n), für die Entstehung, die Entwicklung und den Wandel von Disziplinen und ihren Leitvorstellungen, für die weiteren oder engeren epistemischen Rahmungen wissenschaftlicher Forschungen (vom wissenschaftlichen Paradigma bis zur konkreten theoriegeleiteten Forschungsfrage) sowie für die normativen Einsätze von Problembeschreibungen. Überschneidungen ergeben sich auch mit der *Ideologiegeschichte*. Diese untersucht die Entstehung und Entwicklung bestimmter (systemstabilisierender, legitimatorischer) kollektiver Anschauungsweisen im Zusammenhang mit sozialen Klassenpositionen und politischen Interessen. Ihr ist daher von vornherein eine kritische und politische Dimension eingeschrieben, denn der Ideologiebegriff impliziert eine konfliktuelle Abgrenzung und sozial bedingte Spaltung des Wissens. Ideologiegeschichte erfasst den Zusammenhang von Wissen und Macht und die Geschichtsmächtigkeit irrationaler Faktoren. Das Untersuchungsfeld erstreckt sich dabei von der politischen Ebene wie Antisemitismus, Rassismus oder Nationalismus über Verdinglichungen im ökonomischen Bereich (z.B. die Vorstellung vom Homo oeconomicus oder das Paradigma grenzenlosen Wachstums) bis zur individuellen Ebene der Analyse der Politizität (Beschränktheit, Befangenheit, Interessiertheit) von Begriffs- und Bildverwendungen.

Die *Metapherngeschichte* ist in den letzten Jahren verstärkt als Alternative der Begriffsgeschichte konzipiert worden. Tatsächlich lassen sich beide nur kombiniert sinnvoll betreiben. Unmittelbare Verbindungen ergeben sich dort, wo die metaphorischen Anteile von Begriffen oder Prozesse der Verbegrifflichung bzw. des Verblassens von Metaphern analysiert werden. Über metaphorische Transfers realisieren sich Austauschprozesse zwischen verschiedenen Wissensfeldern. Metaphern verweisen auf unsichere Wissensbestände und markieren Probleme, die noch nicht gut verstanden sind. Sie arbeiten so der wissenschaftlichen Begriffsbildung zu, mit deren Zustandekommen sie getilgt oder auf neu aufreißende Problemfelder verschoben werden. Oft gibt es jedoch keine einseitigen Bewegungsrichtungen, sondern komplexere Prozesse der Ent- und Remetaphorisierung; die Differenz zwischen Begriffen und Metaphern ist also funktional und relational zu bestimmen. Zugleich ist aber auch an der Notwendigkeit einer Unterscheidung von Metapher und Begriff festzuhalten (vgl. Gehring 2006). Zu den Spezifika von Metaphern gehören etwa der Kontextbruch oder die Regelanwendungsverweigerung. Hans Blumenberg hat unter dem Stichwort der absoluten Metapher deren Unübersetzbarkeit bzw. begriffliche Unauflösbarkeit herausgestellt. Der Begriff des Unbegrifflichen erscheint dabei als schillernder Grenzbegriff, der unterschiedlich entfaltet werden kann: auf der Gegenstandsseite etwa in Richtung des Unbekannten, Unbegreiflichen, Unheimlichen, Unbeherrschbaren, Unverfügbaren; epistemisch zielt er auf Prozesse im Vorfeld der Begriffsbildung, der Begriffsstutzigkeit, des Gegen-jeden-Begriff-Seins, des Befangen- oder Widerständig-Seins, auf Dimensionen des Unübersetzbaren, Nicht-Paraphrasierbaren oder des (noch) nicht Sagbaren. Auf der kollektiven wie auch auf der Subjektseite ließe sich – was Blumenberg selbst nicht tut – der Begriff des Unbegrifflichen auch auf die routinemäßige Reproduktion vergegenständlichter Abstraktionsprozesse beziehen, womit sich Überschneidungen zur Ideologiegeschichte ergeben. Ein Beispiel dafür wäre etwa, dass die Menschen, indem sie ihre verschiedenartigen Produkte einander im Austausch gleichsetzen, damit zugleich ihre verschiedenen Arbeiten einander als menschliche Arbeit gleichsetzen, was Marx so kommentiert: »Sie wissen das nicht, aber sie tun es.« (Marx 1867/1985: 88)

Da eine Metapher nie nur einfach ein Wort, sondern ein komplexes semantisches Gebilde ist, dessen jeweilige (singuläre) Bedeutung sich stets erst aus den weiteren Kontexten ergibt, stellt sich in radikalerer Form als in der Begriffsgeschichte die Frage nach der Identifizierung von Metaphern, ihrer Kontextualisierung, dem Vergleich und der historischen Aggregierung von Einzelbefunden. Wie Begriffe treten auch Metaphern nicht isoliert, sondern häufig im Zusammenhang umfassenderer Metaphernfelder oder Hintergrundmetaphern auf, so dass nicht vom Modell einer einfachen Bedeutungsübertragung auszugehen ist. Stattdessen stellt sich die Metapher eher als ein überdeterminiertes, viele Sinnschichten enthaltendes Textelement dar, das als Knotenpunkt und Schnittstelle in einem Netzwerk von Diskursen und als Stimulus fungiert, der eine wechselseitige Rückkopplung verschiedener Diskurse erlaubt. Ein weiterer Grund dafür, dass sich eine Metapherngeschichte nicht einfach analog zur Begriffsgeschichte entfalten kann, liegt darin, dass »sich bei Metaphern weder, wie bei Begriffen, analytische oder semantische Unter- und Überordnungen noch szenarien- oder schemaorientierte Nebenordnungen vollziehen [lassen]. Teilmetaphern lassen sich nicht zu übergreifenden Großmetaphern zusammenschließen, um herauszustellen, was ›mitgemeint‹ ist.« (Danneberg/Spoerhase/Werle 2009: 8)

Mit dem Vor- und Unbegrifflichen ist zugleich die Grenze zur Analyse von Visualisierungen (ikonischen Semantiken) markiert; die Frage nach den Substrukturen des Denkens und den paradigmatischen Rahmungen und Hintergrundmodellen, die jeweils die einzelnen Begriffe und oft auch Theorien in historisch spezifischer Weise prägen, führt auf den Zusammenhang von Leitmetaphorik und Leitmedialität und die wechselseitigen Perspektivierungen rhetorischer und medialer Techniken. In diesem Sinne hat etwa Alexander Friedrich gezeigt, dass sich in der Geschichte des Metaphernbegriffs die Technisierung der Lebenswelt reflektiert (Friedrich 2015).

Eine einflussreiche, an die *Prototypensemantik* anknüpfende, stark politisch orientierte Theorie der Sprache als Metaphernsystem hat der in Berkeley lehrende Linguist George Lakoff im Rahmen seiner kognitiven Linguistik entwickelt. Das von ihm zusammen mit dem Philosophen Mark Johnson verfasste Buch *Metaphors We Live By* (1980) gründet auf der Annahme, dass die unser alltägliches Wahrnehmen, Denken und Handeln steuernden Konzepte im Kern metaphorisch sind. Metaphern strukturieren, was wir wahrnehmen, sie bleiben aber oft unbewusst.

Während viele Theorien davon ausgehen, dass die Metaphern auf Wortwörtlichkeit und der Struktur eines Satzes beruhen, sind sie für Lakoff/Johnson der Realsprache vorgeordnete Denkmodelle. Die historische Bedeutung von Metaphern wird dabei sehr hoch veranschlagt: »Kultureller Wandel entsteht häufig dadurch, daß neue metaphorische Konzepte eingeführt werden und alte verschwinden. So ist zum Beispiel die Verwestlichung von Kulturen in der ganzen Welt partiell darauf zurückzuführen, daß die Metapher ›Zeit ist Geld‹ in diesen Kulturen eingeführt worden ist.« (Lakoff/Johnson 1980: 168)

Neben der Metapherngeschichte gibt es andere Ansätze, um kollektive Semantiken im Schnittfeld von Sprache und Bildlichkeit zu erforschen. Dazu zählen die *Motiv-* und die *Toposforschung* sowie die Analyse von *Pathosformeln.* Bei Motiven und Topoi handelt es sich um stereotype Denkfiguren, Redewendungen oder codierte Sinngestalten (wie etwa die ›Strafe Gottes‹, der ›letzte Mensch‹, das ›Buch der Natur‹, die ›verführte Unschuld‹), die zuweilen auch in den populären Sprachgebrauch eingewandert sind oder aus ihm stammen. Bei den von Aby Warburg als Untersuchungsgegenstand profilierten Pathosformeln handelt es sich um Gebärden und Ausdrucksformen, in denen sich kulturelle Spannungen und Konflikte exemplarisch verkörpern und die sich durch verschiedene Trägermedien und kulturelle Schauplätze verfolgen lassen.

Eine weitere Forschungsmethode, zu der sich die Begriffsgeschichte ins Verhältnis zu setzen hat, ist die auf Foucault zurückgehende *Diskursanalyse.* Mit ihr zielte Foucault darauf ab, ein »positives Unbewusstes des Wissens« (Foucault 1971: 11-12), d.h. die strukturellen Voraussetzungen zu untersuchen, die die Produktion von Sinn und Bedeutung steuern und prägen. Die Diskursanalyse reagiert zum einen auf Unzulänglichkeiten insbesondere der marxistischen Theoriebildung (u.a. ihre Konzeption von Ideologie im Sinne eines falschen Bewusstseins und das deterministische Basis-Überbau-Schema); zugleich setzt sie sich ab von ideengeschichtlichen und hermeneutischen Verfahren mit ihren Leitbegriffen Intention, Autorschaft, Subjekt, Kontinuität, Sinn und Ursprung. Die entsprechenden Gegenbegriffe der Diskursanalyse lauten Zufall, Ereignis, Diskontinuität, Materialität, Regel(haftigkeit) und Herkunft.

Der Diskurs wird als ein hybrider Untersuchungsgegenstand konstituiert, der zwischen Begriffen und Ideologien, Werken und Mentalitäten, Wörtern und Dingen zu verorten ist und der sich den Dichotomien von Sein/Bewusstsein, Ideellem/Materiellem oder wahr/falsch entzieht. Die Schwierigkeiten, die die Begriffsgeschichte mit der Behandlung ihrer Außenseite hat (siehe Kap. 5), stellen sich auch der Diskursanalyse, wobei sich zwei verschiedene Arten des Umgangs unterscheiden lassen: Entweder bewegt sich die Diskursanalyse weitgehend auf der Ebene sprachlicher, bildlicher, symbolischer Repräsentationen und behandelt die nichtsprachliche Ebene allenfalls als Hintergrundfolie (vgl. Steinmetz 2008: 184; Leendertz/Meteling 2016: 22, 25), oder die materiellen Faktoren werden als Teil der Diskurse selbst gefasst, so dass sich die Frage nach dem Außen erübrigt, weil sich darüber außerhalb von Diskursen nichts sagen lässt. Charakteristisch für diskursanalytische Ansätze sind im Wesentlichen drei Aspekte: Erstens zielen sie auf die Verknüpfung der Wissensproduktion mit materiellen Gefügen wie Institutionen, Architekturen, Medien und vielfältigen Ensembles von Praktiken. Zweitens beleuchten sie den Zusammenhang der Produktion von Wissen mit der Reproduktion gesellschaftlicher Herrschaft. Hier geht es wiederum einerseits um die Analyse von Ausschlussmechanismen, Disziplinierungen, Kontrollen, Reglementierungen, Verknappungen, Regelmäßigkeiten, Tabus und Normierungen, andererseits aber auch um Machtfaktoren der Wissensgewinnung und Bedeutungsproduktion selbst. Drittens schließlich thematisieren sie die Verflechtung von Diskursen mit der Körperlichkeit, Triebdynamiken und die Wirkmächtigkeit emotionaler Faktoren.

Während bei Foucault zunächst kompakte historische Konturen und Regeln von Diskursen im Zentrum standen, hat sich das Verständnis von ›Diskurs‹ seitdem pluralisiert und flexibilisiert. Damit ist allerdings die Abgrenzung des Gegenstandsfeldes nicht klarer geworden: Es reicht von einem verfestigten, thematisch zentrierten Redezusammenhang über virtuelle Textkorpora bis hin zur Wissensordnung einer Epoche. Dass die Diskursanalyse auf einigen Feldern, vor allem dem der Kulturwissenschaften, als unverzichtbar erscheint, ergibt sich aus der Einsicht der konstitutiven Bedeutung von Symbol- bzw. Repräsentationssystemen nicht nur für die Erkenntnis der Wirklichkeit, sondern auch für die Wirklichkeit selbst.

Die Diskursanalyse war und ist für die Begriffsgeschichte eine Herausforderung. Für Reinhart Koselleck ergibt sich der Übergang zur Diskursanalyse insofern von selbst, als sich kein Begriff ohne Reflexion auf seine historischen Voraussetzungen und die weiteren sprachlichen und außersprachlichen Kontexte analysieren lässt. Überschneidungen ergeben sich auch durch die Annahme begrifflicher Wiederholungsstrukturen, übergreifender Argumentationsmuster sowie konventioneller Begriffsverwendungen, die nachträglich als Muster eines kollektiven Erfahrungswandels sichtbar werden. Aus der diskursanalytischen Kritik der Begriffsgeschichte sind speziell die Ansätze der *Diskurssemantik* bzw. *diskursanalytischen Begriffsgeschichte* (Dietrich Busse, Wolfgang Teubert) sowie die *Argumentationsgeschichte* (Heiner Schultz) hervorgegangen. Beide geben mit dem Hinweis auf den Aggregatcharakter der Sprache und die Verflechtungen der Begriffe in außersprachlichen Sachverhalten die Fokussierung auf einzelne

Lexeme als Forschungsgegenstand auf und wenden sich stattdessen größeren diskursiven Zusammenhängen zu. Damit erhöht sich das Komplexitätsniveau der Untersuchungen erheblich, denn es müssen nun statt einer (der des Begriffs) mehrere Stellen expliziert werden: nämlich der Benutzer beziehungsweise die Benutzergruppe (›Wer‹), der (theoretische oder sachgeschichtliche) Inhalt (›Was‹), die Funktion der jeweiligen Argumente (›Wie‹ beziehungsweise ›Warum‹) und die jeweilige Textsorte. Im Interesse einer verstärkten Berücksichtigung synchroner Zusammenhänge erscheint es notwendig, die Analyse von Argumentationen auf deutlich engere Zeiträume als die etwa in den *Geschichtlichen Grundbegriffen* abgesteckten zu begrenzen.

Ungeachtet der vielen Berührungspunkte zwischen Begriffsgeschichte und Diskursanalyse und der Plausibilität der Vermittlungsversuche ist es wichtig, kurzschlüssige Verknüpfungen zu vermeiden und das Bewusstsein für die methodischen Differenzen zu schärfen. Leitbegriffe der Begriffsgeschichte wie Erfahrung, Erwartung oder Bedeutung sind dem antihermeneutischen Ansatz der Diskursanalyse fremd. Wie Rolf Reichardt festhält, nimmt die Diskursanalyse »das Funktionieren und die innere Struktur von Texten wichtiger als die Bedeutungen der in ihnen aktualisierten Begriffe« (Reichardt 1985: 62). Darüber hinaus lässt sich an zentralen Themen Foucaults wie Sexualität oder Wahnsinn sehen, dass Diskurse Bedeutungen generieren und kulturelle Phänomene hervorbringen, die in der traditionellen Begriffsgeschichte keinen Ort haben, wie etwa Formen des (Be-)Schweigens, Rituale etc. Eine weitere fundamentale Differenz erwächst aus dem schärferen Blick auf Diskontinuität. Für die Diskursanalyse ergibt sich Geschichte bzw. Diachronie aus der Abfolge synchroner Querschnitte bzw. Einheiten, die allerdings oft als homogene Blöcke erscheinen und deren historische Beziehungen untereinander oft im Dunkeln bleiben. Die Begriffsgeschichte reflektiert dagegen die Kontinuitäten, Übergänge und Übersetzungen zwischen Diskursen bzw. einzelnen Diskurselementen. Sie versucht, Transformationen und Übergänge von einer Wissensform zu einer anderen zu untersuchen und zu interpretieren, während die Diskursanalyse die Differenz verschiedener Diskurse nur konstatieren, aber nicht erklären will. Ein weiterer signifikanter Unterschied zur Begriffsgeschichte besteht darin, dass in der Diskursgeschichte das Handeln von Individuen, Intentionen und außersprachliche Konstellationen, in denen die sprechenden Akteurinnen und Akteure sich bewegen, weitgehend ausgeklammert bleiben. Eine offene und kaum allgemein zu beantwortende Frage ist schließlich, wie vor- oder nichtbegriffliche Elemente von Diskursen in eine Begriffsgeschichte einbezogen werden können.

Neben Formen einer Diskurssemantik bzw. diskursanalytischen Begriffsgeschichte hat sich als eigenständige Form Historischer Semantik die von Jürgen Link und seinen Mitstreiterinnen und Mitstreitern entwickelte Theorie der *Kollektivsymbole* als fruchtbare Synthese erwiesen, weil sie über die Verbindung von (historisierter) Toposforschung, Metapherngeschichte und Ideologiegeschichte die Heterogenität und Umkämpftheit von Diskursen, die Mechanismen ihrer Stabilisierung und ihre Funktion der gesellschaftlichen Integration sichtbar macht. Unter ›Kollektivsymbolen‹ werden stereotyp verfestigte, bildliche Zeichen verstanden, die verschiedene Wissensfelder und Praxisbereiche miteinander verschalten und zur symbolischen Vergemeinschaftung beitragen. Grundlegend ist die bedeutungstheoretische Einsicht, dass jedes Einzelsymbol seinen jeweiligen Sinn nur in Interdependenz mit anderen Symbolen erhält. Durch seine synchrone Verflechtung ist es konstitutiv überdeterminiert und deshalb nur im Rahmen größerer Zusammenhänge erschließbar. Die Kollektivsymbolanalyse geht davon aus, dass jede Kultur oder Teilkultur ein synchrones System von Kollektivsymbolen mit jeweils dominanten und verschieden besetzbaren diskursiven Positionen (im Sinne divergierender Be-Wertungen der Symbole) besitzt. Dieses synchrone System oder Kollektivsymbolsystem entsteht aus dem Zusammenspiel verschiedener (zum Beispiel medizinischer, technischer, ökonomischer, juristischer) Spezialdiskurse im Interdiskurs, wobei in Bezug auf die Verwendung der Symbole verschiedene Selektionsfaktoren wirken, darunter die potenzielle Metaphorizität und Repräsentativität des Symbols, die pragmatische Anwendbarkeit, die Verankerung in der elementaren Soziokultur, die Situierung im Schnittbereich von nichtintellektuellen und intellektuellen Sektoren der Gesellschaft sowie die Anschlussfähigkeit an bereits verankerte Symbole. Erscheint bei Foucault der Diskurs oftmals als ein recht homogenes Gebilde, so verweist die Kollektivsymbolforschung auf die Koexistenz äußerst heterogenen Sprach- und Bildmaterials und auf die enormen Spannungen innerhalb und zwischen Diskursen. Kollektivsymbolanalysen verbinden Begriffsgeschichte und Diskursgeschichte.

Eine umfassende, die Begriffsgeschichte im engeren Sinne überschreitende Bedeutungsgeschichte ist schließlich gehalten, die verschiedenen Medien kommunikativer Akte in ihre Betrachtung einzubeziehen, das Zusammenspiel oder Gegeneinanderwirken von sprachlichen und medialen Bildern beziehungsweise verschiedenen bedeutungsgenerierenden Verfahren zu untersuchen und die jeweiligen semantischen Veränderungen bei der Übertragung und Zirkulation zwischen verschiedenen Medien zu reflektieren. Noch unterhalb der Metaphern- und Diskursgeschichte richtet die *Mediengeschichte* den Blick auf die Substrukturen und technisch-medialen Rahmenbedingungen des Denkens und Wahrnehmens. Generell verweisen sowohl in philosophischen wie populären Diskursen auftauchende Begriffe wie Projektion, Widerspiegelung, Weltbild, Übertragung auf Medientechniken. Ein konkretes Beispiel dafür, diese mediengeschichtliche Dimension in eine begriffsgeschichtliche Untersuchung einzubeziehen, ist die Betrachtung der Camera obscura als gemeinsames Hintergrundmodell oder Leitmetapher der für die neuzeitliche Philosophie charakteristischen Spaltung in Rationalisten vs. Empiristen oder Materialisten vs. Idealisten.

Speziell unter den Bedingungen der Medienentwicklungen des 20. Jahrhunderts mit ihren verschiedenen massenmedialen Öffentlichkeiten wächst die Bedeutung bildlicher Medien für die Prägung von Semantiken und damit die Bedeutung der *Ikonologie.* Texte und Bilder stehen nicht selbstgenügsam und beziehungslos nebeneinander und gehören nicht verschiedenen, scharf voneinander getrennten kulturellen Ebenen an, sondern sind oft ganz ausdrücklich eng aufeinander bezogen und ergänzen sich, wie im Zusammenspiel mannigfaltiger Text- und Bildrelationen (Bildlegenden, Inschriften, Titelvignetten u.a.) deutlich wird. Bildliche Konkretisierungen prägen die gesellschaftliche Bedeutung von Begriffen und steigern ihr Handlungspotenzial. Natürlich sind Bilder auch unabhängig von sprachlichen Bedingungen eigenmächtige Wirkfaktoren mit suggestivem, unkontrollierbarem Potenzial. Um die methodischen Probleme einzugrenzen, bietet es sich in der begriffsgeschichtlichen Praxis an, auf Bilder nur dann zu rekurrieren, wenn sie im Kontext sprachlicher Quellen thematisiert werden. Doch aus den genuinen Potenzialen von Bildern ergibt sich auch ein asymmetrisches Spannungsverhältnis zur Sprache. In methodischer Hinsicht erscheinen Bilder in viel komplexerer Weise als Begriffe als dezentrierte Entitäten mit einer Fülle historischer und synchroner Verweisungszusammenhänge. In mediologischer Perspektive sind zudem der materiale Status der jeweiligen Bilder (Gemälde, Fotografien oder Fernsehbilder), die verschiedenen Bildgenres (Herrschergemälde, Karikaturen, Bildsatiren, Kult- und Heiligenbilder) sowie die mit den verschiedenen Begriffsarten der Sprachpragmatik (Feindbegriff, Kampfbegriff, Periodenbegriff, Prozessbegriff) vergleichbaren Bildarten (wie Spottbilder, Hetzbilder, Feindbilder, Heldenbilder, Wunschbilder, Kampfbilder) zu reflektieren.

9. Praxis der Begriffsgeschichte – Recherche, Interpretation, Darstellung

Das praktische begriffsgeschichtliche Vorgehen hängt maßgeblich vom Erkenntnisinteresse sowie von der Spezifik des zu untersuchenden Begriffs ab. Die umstrittenen und grenzunscharfen geschichtlichen Leitbegriffe funktionieren anders als terminologische Begriffe, die vornehmlich einem Fachdiskurs zugehören. In Anlehnung an Heiner Schultz lassen sich zudem Fragerichtungen unterscheiden, die für die Auswahl der Quellen und Autoren sowie für die Art der Recherchen entscheidend sind: Das Interesse kann *erstens* zeitlich an Ursprüngen und Erstbelegen orientiert sein. Es kann *zweitens* um Fragen differenzierter Inhalte, also um qualitative Bedeutungsentwicklungen der Semantik gehen. *Drittens* kann in quantitativer Hinsicht gefragt werden, ob und für wen ein Begriff oder eine Bedeutung zu einer Zeit repräsentativ war, also die Frage nach deren Reichweite. Schließlich kann *viertens* die Wirkungsgeschichte eines Begriffs untersucht werden, also etwa wie einflussreich er war (vgl. Schultz 1979). *Fünftens* könnte man aus heutiger Sicht in funktionaler Hinsicht fragen, wie ein Begriff kommunikativ eingesetzt wird. Ein weiterer Ausgangspunkt ist die Frage, ob das begriffsgeschichtliche Interesse zeitlich, räumlich oder auf einen bestimmten Diskurs begrenzt ist oder nicht. Von der Fragerichtung ist der Einsatz der Methoden abhängig (siehe Kap. 8).

Unverzichtbar für die historisch-semantische Arbeit ist das Wechselspiel zwischen einer ergebnisoffenen empirischen Forschung und heuristischen bzw. problemgeschichtlichen Überlegungen. Ein begriffsgeschichtlicher Positivismus und Empirismus wäre blind, Hypothesen sind auch für die Auswahl der Quellen unumgänglich. Die *Geschichtlichen Grundbegriffe*, denen es um die metabegriffliche Frage nach einem epochalen semantischen Transformationsprozess ging, haben sehr stark mit solchen, erklärtermaßen selbst der Historisierung entzogenen Voraannahmen gearbeitet. Die vier *funktionalen Hypothesen* (Verzeitlichung, Politisierung, Ideologisierbarkeit, Demokratisierung) wurden geradezu zu Kriterien. Dieser Ansatz hat sich stark, mitunter zu stark auf die Auswahl der Quellen und die Untersuchung der Stichwörter ausgewirkt.

Da die Orientierung am Wort kontrollierbarer ist, wird es meist so sein, dass das Standbein der Begriffsgeschichte das Wort ist, das durch seine Konstanz einen sinnvollen Untersuchungsgegenstand abgibt; das Spielbein aber sind sich vom Wort lösende Bedeutungsuntersuchungen. Und so wie Stand- und Spielbein bei einem guten Spieler austauschbar sind, so kann auch abwechselnd die Konstanz des Wortkörpers und der Bedeutung vorausgesetzt werden. Onomasiologie und Semasiologie werden im Zusammenspiel untersucht. Weil Wörter und Begriffe nicht isoliert, sondern nur im Kontext Bedeutungen haben, ist es sinnvoll, bereits bei den Recherchen die Perspektive über das Einzelwort hinaus zu öffnen. Koselleck selbst hat der Diskurstheorie zwar konzediert, dass eine grenzenlose Erweiterung sowohl des Untersuchungsfeldes wie der Materialbasis möglich wäre, zugleich aber darauf hingewiesen, dass sie forschungspragmatisch nicht sinnvoll wäre. Dabei sollte das *Wortfeld* sowohl in synchroner wie in diachroner Hinsicht in den Blick genommen werden. Zum synchronen Wortfeld gehören beispielsweise Ober-, Unter-,

Gegen- und syntaktisch gleichberechtigte Begriffe, auch synonyme Ausdrücke oder typische Phrasen, in die das Wort eingebunden ist. In diachroner Hinsicht muss der Bezeichnungswandel einbezogen werden, denn gerade starke Umbrüche sind durch einen Wandel auf dieser Ebene erkennbar.

Koselleck hat in der Einleitung zu den *Geschichtlichen Grundbegriffen* plausibel gemacht, zwei methodische Zugriffe in der begriffsgeschichtlichen Arbeit zu unterscheiden, die sich zugleich als aufeinanderfolgende Arbeitsschritte ansehen lassen: Ein *erster* Schritt betrifft die elementare Funktion der Begriffsgeschichte als historische und philologisch-kritische Methode. Sie hat zunächst noch gar nichts mit diachronen Untersuchungen und historischen Verläufen zu tun. Begriffe sind in ihrer synchronen praktischen Funktion zu untersuchen. Erst in einem *zweiten* Schritt, in stärker konstruktiver und extrakommunikativer Perspektive, wird dann diachron die Veränderung der Begriffe betrachtet.

Koselleck setzt also *zunächst* die historisch-philologische Methode von der höherstufigen begriffsgeschichtlichen Untersuchung und Darstellung ab. Zwar kommt auch diese Stufe historischer Arbeit nicht ohne Nachträglichkeit aus, weil auch in ihr eine Rückübersetzung vergangener Wortbedeutungen in unser heutiges Sprachverständnis erfolgt. Dennoch unterstellt Koselleck die Möglichkeit, tatsächliche historische Konstellationen und Kausalitäten auf der semantischen Ebene zu erfassen (die Formulierung vom ›Vetorecht der Quellen‹ ist Ausdruck dafür). Synchrone und diachrone Untersuchungen gehen zwar Hand in Hand, die historisch-kritische Methode verfährt nach Koselleck jedoch vorrangig synchron, betrachtet also zunächst je einzelne Gegenwarten, die dann in eine Abfolge gesetzt werden. Hier steht wesentlich die Pragmatik der Begriffe im Zentrum, sie ist nur mit reichem Kontextwissen erschließbar. Dazu gehört die sogenannte Sachgeschichte (siehe Kap. 3), etwa einschneidende Ereignisse und Praktiken oder Diskurse, denen der Begriff zugehört.

Auch wenn auf die Begriffsgeschichte und qualitative Fragen ausgerichtete digitale Tools in der Entwicklung sind (siehe Kap. 10, Friedrich/Biemann 2016), können Recherchen auf der reinen Signifikantenebene keine Interpretationen ersetzen. Mit Quentin Skinner betont Stollberg-Rilinger, historischer Zugang bedeute, an einen Text keine Begriffe, Motive und Fragestellungen heranzutragen, die zum Zeitpunkt seiner Entstehung noch nicht existiert haben. Die Interpretation eines Textes dürfe den Horizont des Autors oder der Autorin, also das, was jene selbst haben artikulieren und meinen können, nicht überschreiten. »Dennoch erfolgt die Interpretation stets aus einer Beobachterperspektive, aus der sich Strukturen und Zusammenhänge erschließen, die den Zeitgenossen nicht bewusst gewesen sein müssen.« (Stollberg-Rilinger 2010: 19).

Definitionen (Sätze der Form: x ist ...) mögen Begriffshistorikern als besonders lohnende Quelle erscheinen, sie sind jedoch gerade bei Grundbegriffen, die vielfältige und oft unklare Hintergrundgewissheiten einschließen, eher selten – und selbst wenn sie vorliegen, geben sie keine erschöpfende oder letztgültige Auskunft und müssen quellenkritisch betrachtet werden. Wichtig für das Verständnis der Begriffspragmatik ist der Sinn für Neben- und Gefühlstöne, die man nur erkennt, wenn man mit einem historischen Diskurs genauer vertraut ist. Wie vor allem die französische Epistemologie gezeigt hat, kann die Geschichte der Begriffe nur adäquat rekonstruieren, wer über genaue Kenntnisse ihrer wissenschaftlichen Disziplin verfügt.

In der praktischen Arbeit kommt es darauf an, die Regeln des Sagbaren, die dem jeweiligen Sprachgebrauch zugrunde liegen, zu rekonstruieren. Die Argumentationen bewegen sich dabei in

Diskursen bestimmter Institutionen, Begriffe werden von ihnen gefärbt. Beachtet werden muss auch, welche Medien, Textgattungen oder rhetorischen Konventionen und Topoi verwendet werden. Untersucht wird zunächst die situative, strategische, kontextuelle Verwendung von Wörtern, es geht um die mit ihrem Einsatz verbundenen Ein- und Ausschließungen, um Kampf-, Gegen- oder Oppositionsbegriffe. Eine kritische Begriffsgeschichte hat daher jeweils nicht vorrangig die (mutmaßlichen) Intentionen eines Autors, sondern eher die soziale Reichweite des Begriffs, Fragen nach der Deutungshoheit, den Stichwortgebern und Meinungsführern, den Adressaten und Erwartungen des Publikums, den Selbst- und Fremdbezeichnungen, den Ein- und Ausgrenzungen und dem Cui bono mit zu behandeln, denn sie »hat zum Gegenstand, wie sich soziale Gruppen durch die bindende, bildende und prägende Kraft der Begriffe konstituieren und verändern« (Schultz 1979: 45; vgl. Felder 2006). Koselleck hat besonders die Pragmatik asymmetrischer *Gegenbegriffe* herausgestellt. Damit meint er binäre oder Freund-Feind-Begriffe, die darauf angelegt sind, wechselseitige Anerkennung auszuschließen, sei es durch exklusiven Anspruch auf Allgemeinheit (›*die* Kirche‹, ›*die* Partei‹), sei es durch sprachliche Abwertung oder Negierung einer Seite (›Griechen‹ und ›Barbaren‹).

Die synchronen, auf die Pragmatik zielenden semantischen Untersuchungen sollten Bedeutungen nicht einfach aus der Tradition erklären. Stattdessen gilt es zu untersuchen, was die Bedingungen sind, unter denen sich Wiederholungsstrukturen reproduzieren, sich alte Bedeutungen jeweils neu plausibilisieren lassen. »Wenn aber Interpretieren heißt, sich eines Systems von Regeln, das in sich keine wesenhafte Bedeutung besitzt, gewaltsam oder listig zu bemächtigen, und ihm eine Richtung aufzuzwingen, es einem neuen Willen gefügig zu machen, es in einem anderen Spiel auftreten zu lassen und es anderen Regeln zu unterwerfen, dann ist das Werden der Menschheit eine Reihe von Interpretationen.« (Foucault 1971: 78) Untersuchungen zur Reichweite von Begriffen schließen solche zu Verbreitungswegen und zur Popularisierung ein. Gerade für moderne Massengesellschaften des 20. Jahrhunderts sind politische Aneignungen und politische Umcodierungen interessant. Ein Beispiel ist der zur Zeit der Französischen Revolution vor allem sozial konnotierte Begriff des Volkes, der dann zunehmend ethnisch und nationalistisch umgeprägt wurde. In der jüngeren Geschichte sind ›Hegemonie‹, ›Identität‹ oder ›Alternative‹ Beispiele dafür, wie Analyse- bzw. Programmbegriffe zunächst von linken, gesellschaftskritischen Bewegungen entwickelt, inzwischen aber von ihren rechtspopulistischen Gegnern angeeignet und umfunktioniert wurden.

Zu untersuchen ist, in welchen Diskursen und auf welche Art und Weise ein Begriff verhandelt wird – moralisch, politisch, rechtlich, wissenschaftlich, philosophisch – und welche Übertragungslogiken es gibt (z.B. Moralisierung, Ökonomisierung, Biologisierung etc.). Ein Begriff hat eine andere, jeweils mit zu kommentierende Form, je nachdem, ob er in einem intellektuellen Umfeld benutzt wird, im politischen Diskurs Verwendung findet oder verrechtlicht zu einer sanktionierbaren gesellschaftlichen Tatsache wird. Politische Begriffe werden verwissenschaftlicht (was an der Metaphorik erkennbar sein kann), mitunter auch, um den Anschein von Alternativlosigkeit zu erwecken, sie können aber auch dem moralischen Diskurs zugehören und auf entsprechende Topoi zurückgreifen (die Stilisierung als Opfer ist beispielsweise eine wichtige Ressource im massendemokratischen Diskurs, wo Einzelne angesprochen werden sollen). Manche Begriffe, wie Umwelt, implizieren bereits eine Handlungsaufforderung (Hermanns 1991). Wichtig sind Leitwissenschaften oder Leitdiskurse für einen Begriff, ebenso dessen nationales und nationalsprachliches Epizentrum.

Nur insofern in solchen Situationen historische Semantiken aufgerufen werden, geht in diesem ersten Schritt in die historisch-philologische Untersuchung die geschichtliche Tiefe eines Begriffs ein. Dazu gehört die zeitliche Binnenstruktur der Begriffe (Vorbegriffe, Erwartungsbegriffe, Wiederholungsstrukturen etc.) und der einem Begriff gegebenenfalls eingeschriebene Zeithorizont, das heißt der (auf die Vergangenheit bezogene) Erfahrungsraum oder der (die Zukunft einbeziehende) Erwartungshorizont.

Von der Auswahl des Textkorpus hängt jeweils das Ergebnis ab, umgekehrt sollte die explizierte Fragestellung auch das Korpus bestimmen. Nach Kosellecks Theorie der Zeitschichten lassen sich verschiedene Typen von Texten unterscheiden: Es gibt solche, die für den einmaligen Gebrauch bestimmt sind (Periodika, Pamphlete und Flugschriften, Sitzungsprotokolle, Zeitungen, Akten, Briefe), des Weiteren Textsorten, die sedimentiertes Wissen längerer Zeiträume enthalten (wie z.B. Lexika, Handbücher, Schulbücher); schließlich Texte, die, anfangs innovativ, später dann als zeitlos rezipiert und immer wieder interpretiert werden (kanonische, klassische Werke). Die Grenzen zwischen diesen Textgattungen sind natürlich fließend, ein politisches Pamphlet kann zu einem kanonischen Text werden, und das Korpus der kanonischen Texte steht keineswegs fest. Der Wissenschaftshistoriker Ludwik Fleck hat gezeigt, dass sich wissenschaftliche Tatsachen und Begriffe bei ihrer Wanderung durch die verschiedenen Medien (von Fachzeitschriften über Handbücher bis zu Popularisierungsformen) auf typische Weise verändern.

Feste Textkorpora sind vor allem für quantitative Aussagen über Bedeutungen wichtig. Von besonderem Interesse für diese Verfahren sind große, einheitliche Korpora wie etwa bestimmte Periodika oder Sammlungen von Texten eines umgrenzten Fachgebietes oder institutioneller Diskussionszusammenhänge (Sitzungsprotokolle, Parlamentsakten, Kommissionsberichte u.ä.). Bei der Auswahl der Quellen ist natürlich auch zu beachten, ob sie eine Vergleichbarkeit erlauben: Historische Lexika haben in der begriffsgeschichtlichen Praxis Kosellecks eine herausgehobene Bedeutung, weil in ihnen das für die betreffende Zeit feststehende und normierte Wissen festgehalten ist. Allerdings muss beachtet werden, dass Lexika oft nur die Grundbedeutungen eines Wortes oder Begriffs darstellen, nicht den pragmatischen oder situativen Gebrauch. Abgesehen davon ist immer auch zu berücksichtigen, ob die Lexika den tatsächlichen Sprachgebrauch abbilden oder sprachpolitisch agieren. Viele Artikel in Diderots und d'Alemberts berühmter *Encyclopédie ou Dictionnaire raisonné des sciences, des arts et des métiers* (1751–1780) beispielsweise wollen erklärtermaßen das tradierte durch neues, aufklärerisches Wissen ergänzen oder ersetzen. Die *Encyclopédie* wäre also eine Quelle für den – natürlich höchst einflussreichen – Aufklärungsdiskurs, nicht für das 18. Jahrhundert insgesamt. Eine grundsätzliche Frage ist, ob und wie man die Alltagssprache fassen kann, die ja viel weniger archiviert ist als die öffentliche und die Hochsprache. Auch sind die Stichwortgeber einer Zeit über ein Korpus oft kaum zu erfassen, man muss sie kennen, um ihre Wirkung zu sehen. Leicht entstehen Verzerrungen, etwa eine unterschiedliche Belegdichte eines Wortes oder Begriffs für verschiedene Zeitalter allein aufgrund der unterschiedlichen Menge der überlieferten Quellen.

Zu beachten ist auch, dass aus quantitativen Ergebnissen nicht unmittelbar ein qualitativer Befund abzuleiten ist. Viele Begriffe werden erst wesentlich, wenn die damit verbundene ›Sache‹ in die Krise gerät. »Allgemein werden Kategorien dann thematisch, wenn sie nicht mehr, nach Hegels Terminologie, substantiell sind, nicht mehr unbefragt lebendig« (Adorno 1973/74: 69). Der Begriff der Religion wird zum Beispiel erst in der

Aufklärung ubiquitär. Daraus darf allerdings nicht auf eine zunehmende Bedeutsamkeit dessen geschlossen werden, was vorrangig seit dieser Zeit mit dem Begriff bezeichnet wird und von der ›Sache‹ her eher in die Krise geraten ist. Abhängig von der gesellschaftlichen Situation kann auch das Fehlen eines Wortes oder Begriffs (generell oder in bestimmten Textsorten) einen hohen Aufschlusswert haben. Und umgekehrt kann ihre inflationäre Verwendung ein Zeichen dafür sein, dass sie konventionell und eher bedeutungslos geworden sind.

Ein Grund für die lange Bearbeitungszeit der großen begriffsgeschichtlichen Lexika war sicher, dass die Autorinnen und Autoren die gedruckten Quellen noch händisch durchforsten mussten und historische Kennerschaft Voraussetzung für die begriffsgeschichtliche Arbeit war. Bestimmte seinerzeit praktizierte Formen wie die Auswertung von Konkordanzen oder Registern mögen durch die Digitalisierung obsolet geworden sein; als Zeichen dafür, welche Begriffe Autoren oder eine Wissenschaft für wesentlich hielten, sind sie nach wie vor nutzbar. Heute unterstützt natürlich der Computer quantitative Verfahren und eröffnet damit der Begriffsgeschichtsforschung auf allen Arbeitsebenen – von der Recherche über die Archivierung bis zur Darstellung der Untersuchungsergebnisse – neue Möglichkeiten. Ein wichtiges Mittel der Forschung sind inzwischen die großen, permanent erweiterten Online-Volltextdatenbanken wie *archive.org*, *Internet Archive*, *Project Gutenberg*, *Project MUSE*, *HathiTrust* oder *Universal Digital Library*; des Weiteren große Korpora von Zeitungs- und Zeitschriftentexten (wie *COSMAS*), Zeitschriftenaufsatzdatenbanken wie *JSTOR* oder *DigiZeitschriften* sowie epochenspezifische Datenbanken wie *Thesaurus Linguae Graecae*, *Library of Latin Texts*, *Medieval Philosophy Online*, *Early English Books Online* oder *Eighteenth-Century Collections Online*. Bibliografische Datenbanken wie *WorldCat* umfassen die Online-Kataloge von

Tausenden Bibliotheken weltweit; Suchmaschinen wie *OAIster* durchsuchen die Metadaten einer Vielzahl von Dokumentenservern.

Digitale Recherchen ermöglichen es, den gesamten Textbestand definierter Korpora zu vermessen und bezogen auf bestimmte Fragestellungen statistisch zu erschließen. Vorkommen, Häufung und Verschleiß bestimmter Wörter lassen sich maschinell auszählen sowie statistische Angaben über die Verwendungsbereiche und Gebrauchsgewichtung der einzelnen Wörter machen. Die Möglichkeit der Auswertung großer Datenmengen kommt vor allem antihermeneutischen Ansätzen entgegen, die, wie die Diskursanalyse, repetitive und regelhafte Dimensionen der Semantik erfassen wollen.

Wenn die digitalen Textdaten strukturell und linguistisch entsprechend aufbereitet sind, können über das Vorkommen einzelner Ausdrücke hinaus auch *Kollokationen* (das benachbarte Auftreten von Wörtern), Neben-, Parallel-, Korrelations- oder Oppositionsbegriffe sowie charakteristische Topoi und Phrasen detektiert werden. Der Literaturwissenschaftler Franco Moretti hat im Hinblick auf die neuen Forschungsmöglichkeiten die Methode des *distant reading* profiliert. Es handelt sich dabei um eine morphologische Wissensform, in deren Mittelpunkt die Analyse von Beziehungen und Strukturen steht, die durch quantitative Verfahren am Stoff der großen Masse des Ungelesenen generiert wurden. Dieses Verfahren wurde zum Beispiel in statistischen Analysen der jährlichen Berichte der Weltbank aus den Jahren 1946 bis 2012 eingesetzt, die unter anderem eine immer stärkere Substantivierung des Sprachgebrauchs ergaben. Eine international vergleichende Untersuchung von Romantiteln konnte einen langfristigen Trend zur Verkürzung der Titel und einen Wandel der Semantik abstrakter Titelstichwörter eruieren. Es kommen also Dimensionen in den Blick, die sich durch traditionelle Lektüremethoden nicht oder nur schwer erschließen und nachweisen lassen.

Die neuen medialen Bedingungen erfordern aber auch ein verstärktes medienkritisches Bewusstsein. Dies wird besonders deutlich in Bezug auf die Arbeit mit retrodigitalisierten Materialien, die *Google Books* bereitstellt. Zwar verschafft die Datenbank noch im Vorfeld konkreter Fragestellungen einen ersten Überblick darüber, in welchem disziplinären oder diskursiven Kontext die Begriffswörter Verwendung gefunden haben. Die Option der erweiterten Recherche ermöglicht neben Volltextrecherchen auch die Suche nach Namen, bestimmten Sprachen, Erscheinungsjahren sowie zeitraumbezogene Suchen. Problematisch ist allerdings, dass gerade bei nichtwissenschaftlichen Textkorpora kaum Mittel verfügbar sind, um deren Zusammensetzung zu überblicken oder die Relevanz von Befunden zu gewichten. Das betrifft zum Beispiel die Verteilung eines Wortes auf verschiedene Autoren. Ein großes Problem bei *Google Books* ist auch, dass das Korpus insgesamt nur in Auszügen zugänglich ist und nur jeweils einzelne Belegstellen und diese nur ausschnittweise präsentiert werden, wodurch die breiteren Kontexte bestimmter Belegstellen in der Regel nicht verfügbar sind. Mit der Korpusbildung und Verfremdung der Originalquellen gehen Abstraktionsprozesse einher, die bei der Verwendung der Materialien reflektiert werden müssen. Jedes digitale Korpus stiftet nachträglich eine neue Ordnung, Texte werden in neue Beziehungen zueinander gesetzt. Was zeitgenössisch weit verstreut und vielleicht nicht oder nur teilweise zugänglich war, erscheint heute als ein natürlich gegebenes Kontinuum. Weitere Grenzen des Verfahrens liegen in mangelhaften Metadaten, urheberrechtlichen Beschränkungen und fehlerhafter Digitalisierung, die sich etwa auf die Texterkennung auswirkt. Ambivalent ist auch *Google Ngram Viewer*, ein Visualisierungswerkzeug, das an das Korpus von *Google Books* geknüpft ist. Die

Kurven, die dieses Instrument generiert, visualisieren Auftauchen, Konjunkturen und Außer-Gebrauch-Kommen von Ausdrücken; darüber hinaus lassen sich auch Vergleiche der Häufigkeit von Begriffen (auch in verschiedenen Sprachen) darstellen. Weil aber das zugrunde liegende Korpus unbekannt ist, wäre es methodisch fragwürdig, ihnen eine unmittelbare Beweiskraft zuzusprechen.

Für Koselleck wird die konkrete Begriffsanalyse auf Basis einer historischen Bestandsaufnahme erst durch das *diachronische Prinzip* zur Begriffsgeschichte. Indem die Begriffe im *zweiten* Durchgang der Untersuchung aus ihrem Kontext gelöst werden und ihre Bedeutungen durch die Abfolge der Zeiten hindurch verfolgt und dann einander zugeordnet werden, summieren sich die jeweiligen synchronen historischen Begriffsanalysen zur Geschichte des Begriffs. Erst auf dieser Ebene, so Koselleck, »wird die historisch-philologische Methode begriffsgeschichtlich überhöht« (Koselleck 1972: XXI). Begriffsgeschichte hat immer etwas Konstruktives, auch von den Kontexten Abstrahierendes.

Aus pragmatischer Perspektive fragwürdig ist die Überbewertung der Bedeutung von *Etymologien* (im Sinne von Wortherkunft und ›eigentlicher‹, wahrer Bedeutung) für die nachfolgende Geschichte. Der Etymologie eines Wortes wohnt nicht die eigentliche Bedeutung inne, noch wirkt sie notwendig determinierend auf die Geschichte eines Begriffs. Sie gehört vielmehr zum semantischen Material, das immer wieder reflektiert in den Gebrauch eingehen kann. Nachdem beispielsweise das wenig gebräuchliche Wort Information durch die mathematische Modellierung von Kommunikationsvorgängen eine enorme, in verschiedene Wissenschaften ausstrahlende Bedeutung angenommen hatte, wurde retrospektiv versucht, diese Entwicklung bereits aus dem lateinischen ›informare‹ herzuleiten. Der Aufschlusswert solcher Befunde ist gering, zumal, wenn das historische Denken nicht mehr vorrangig an Ursprüngen interessiert ist. Viele begriffsgeschichtlich Arbeitende bemühen sich darum, für neue semantische Auffälligkeiten immer frühere Belege zu finden. ›Postmodernes‹ hat es dann schon in der Weimarer Republik, im 19. Jahrhundert oder gar in der Frühen Neuzeit gegeben. Ein solches Bemühen widerspricht dem begriffsgeschichtlichen Anspruch. Der kommunikative Wert eines Begriffs, der nicht viel mit seiner Tiefensemantik zu tun haben muss, wird dadurch verkannt. Solche Verfremdungen treten besonders dann auf, wenn die Semantik eines Begriffs unabhängig vom Wort, oder umgekehrt: wenn die Kontinuität des Wortes unabhängig von der Semantik und Pragmatik untersucht wird. Ein methodischer Kunstgriff, der solche vermeintlichen Kontinuitäten erzeugt, ist die Figur der ›Latenz‹, die mitunter in Metaphorologien eine Rolle spielt.

Zwar kann es durchaus sinnvoll sein, Begriffe im ›Sprung aus den Kulissen auf die offene Bühne‹ des Wissens zu untersuchen (Foucault 1971: 76). Doch Foucault hat die Theatermetapher genutzt, um mit Nietzsche die unzähligen Anfänge, die Unstimmigkeit, Zufälligkeit und Maskierung der Herkunft innerhalb bestimmter Kräfteverhältnisse von der wesenhaften ›Feierlichkeit des Ursprungs‹ zu unterscheiden. Und auch Kari Palonens Einschätzung ist sehr zutreffend, dass die Kunst der Begriffsgeschichte eher in der späten Verortung besteht, also darin, Zäsuren und Brüche zu sehen, statt spätere Entwicklungen in die Vergangenheit zu projizieren (Palonen 2004: 31). Ein Begriff wie ›Säkularisierung‹ gehört wesentlich dem 19. und 20. Jahrhundert zu und die Begriffsgeschichtsforschung hätte den Streit um den Erstbeleg in der Zeit um den Westfälischen Frieden vornehmlich als Moment dieser Diskurse zu verstehen. Dazu kommt, dass Allgemeinbegriffe nicht unbedingt Verallgemeinerungen vorhergehender besonderer Phänomene sein müssen; ›Religion‹ beispielsweise wird zum Grundbegriff in der Aufklärung, die anthropologische Fundierung der Religionen (bzw. des Christentums) in einer allgemeinen ›Religiosität‹ ist eine spätere, vor allem romantische Erscheinung.

In den Blick genommen werden sollten auch die Verlaufsstrukturen der Begriffsentwicklung. Solche Untersuchungen sollten ›heiße‹ Phasen, in denen Begriffe umstritten sind, von ›kalten‹ unterscheiden, in denen eine Semantik nur reproduziert und als Hintergrundannahme möglicherweise überhaupt nicht mehr reflektiert wird. Oft ist es so, dass ein Begriff seine heiße Phase vor seiner wissenschaftlichen Domestizierung oder Disziplinierung hat. Er kann sie auch in dem Moment haben, wenn er seine zentrale Funktion verliert. Begriffsgeschichte sollte auch das Ende von Bedeutungen und Verwendungen untersuchen und beschreiben, auf welche Weise und warum Begriffe verschwinden. Das Verschwinden kann sich unter anderem daraus ergeben, dass semantische Gehalte auf andere Ausdrücke übergehen.

Natürlich können gerade Veränderungen auf der Ebene der Wortgestalt Ausdruck wichtiger Bedeutungsveränderungen sein: die Substantivierung eines Verbs oder Adjektivs wäre dabei ebenso als Kandidat möglicher Veränderung zu untersuchen wie Kosellecks berühmte Kollektivsingulare. Walter Benjamin hat im Übergang von ›Fortschritten‹ zu ›Fortschritt‹ eine wichtige Station des Bedeutungswandels gesehen, die er zugleich sozialhistorisch interpretiert: »[S]obald der Fortschritt zur Signatur des Geschichtsverlaufes *im ganzen* wird, tritt der Begriff von ihm im Zusammenhange einer unkritischen Hypostasierung statt in dem einer kritischen Fragestellung auf.« (Benjamin 1983: 598-599) Selbst die Veränderung eines Buchstabens kann Zeichen neuer Bedeutungsnuancen sein. Bei dem Ausdruck ›Race‹ etwa handelt es sich zunächst um eine Übernahme aus dem Französischen. Erste Eindeutschungen (›Menschenraßen‹, ›Menschen-Rassen‹) finden sich schon im letzten Drittel des 18. Jahrhunderts, aber die fremdsprachige Form bleibt zunächst dominant, bis im Zuge der Nationalstaatsbildung und eines nationalistisch gefärbten Sozialdarwinismus der Ausdruck eingedeutscht wird; gleiches ist nach der Reichsgründung auch für andere Ausdrücke wie ›Emancipation‹, ›Association‹, ›Communismus‹, ›Social-Demokratie‹ zu beobachten. Ein weiteres Beispiel ist das Auftauchen von Bildungen mit dem Suffix -isierung, die in vielen Fällen Zeichen für (verselbständigte) Prozesse sind – solche Bildungen finden sich vereinzelt schon im 19. Jahrhundert, treten aber mit signifikanter Häufung erst im 20. Jahrhundert auf.

Jede Begriffsgeschichte ist zu einer Narration gezwungen. Eine bloße Aneinanderreihung von Belegen ist keine Begriffsgeschichte. Die jüngeren Kulturwissenschaften haben mit ihrem wachen Sinn für zeichentheoretische Komplexitäten und für die historisierende Auflösung jeglicher Substanzialitäten einen kritischeren Blick auf die bislang praktizierte Begriffsgeschichte sowie dafür eröffnet, dass es Wort- und Begriffsgeschichten nicht einfach gibt, sondern dass sie als Interpretationen immer narrativen Mustern und zeittypischen Grundannahmen unterworfen sind. Die synthetische Leistung der Begriffsgeschichte, die diachrone Narration, trägt notwendig konstruktivistische Züge. »Die Geschichte einer Periode schreiben«, so Koselleck, »heißt Aussagen treffen, die in dieser Periode nie gemacht werden konnten.« (Koselleck 1987/2000:116) Die Begriffsgeschichte ist eine Beobachtungsebene zweiter Ordnung. Auch die Form oder Struktur, die diese Erzählungen annehmen, ist konstruiert. Um diese Konstruktionsleistung kommt man nicht herum, man kann sie nur reflektieren und dem Lesenden transparent machen. Das hängt auch damit zusammen, dass entweder Lücken im Belegmaterial auftreten oder, umgekehrt, eine solche Überfülle an Okkurrenzen vorliegt, dass notwendig selektiert und abstrahiert werden muss. Blumenberg spricht bezogen auf die Defizite eines ›historischen Längsschnitts‹ davon, dass er in seinen Untersuchungen zur Wahrheitsmetaphorik nur eine Reihe von Punkten angegeben habe, »durch die eine Kurve mag gezogen werden können« (Blumenberg 1960/1998: 49). Gerade die vom Wort ausgehenden Erzählungen beginnen oft mit vereinzelten, sehr kommentarbedürftigen Ursprüngen und führen dann nicht selten zu einer Fülle von Belegen, die nur noch selektiv behandelt und geordnet werden können. Begriffsgeschichten haben fast immer eine narrative Dramatik. Die Begriffsgeschichte, insbesondere in ihrer lexikalischen Form, hat bestimmte Erzählmuster hervorgebracht. Sie zielen entweder darauf, eine späte Bedeutung weit zurückzuverfolgen, oder darauf, einen Bruch zu konstatieren. Da die diachrone, neue Semantiken aufführende Abfolge von Begriffsinhalten im Mittelpunkt steht, geht die Gleichzeitigkeit weiterwirkender Bedeutungen in der Darstellung oft verloren. Mit Bezug auf die Konstruktionsleistung ist das Spannungsverhältnis zu übergreifenden Hypothesen oder Theorien zu reflektieren – nicht selten kommt es vor, dass Begriffsgeschichten bloß zur Illustration bestehender Theorien oder nach einfachen schematischen Mustern (etwa: Aufstieg – Blüte – Verfall) erzählt werden, denen gegenläufige Befunde zum Opfer fallen.

Historische Semantik und Begriffsgeschichte sind mittlerweile in ihrem Gegenstand so komplex und methodisch so anspruchsvoll geworden, dass die lange für sie übliche Darstellungsform des möglichst konzisen Lexikonartikels fragwürdig erscheint. Tatsächlich haben bereits viele Artikel der großen Lexika die Artikelform gesprengt und sind zugleich als Monografien erschienen. Zwar eignen sich die Grundbegriffe der Sattelzeit für eine lexikalische Darstellung, doch schon der Artikel in den *Geschichtlichen Grundbegriffen* mit dem Wortfeld *Volk*, *Nation*, *Nationalismus*, *Masse* ist mit seinen knapp 300 Seiten selbst eine Monografie. Wo Leitbegriffe über einen längeren Zeitraum, in mehreren Kulturen, in der Breite ihres Wortfeldes, in ihrer oft widersprüchlichen Pragmatik dargestellt werden sollen und das (wiederum nicht selbstverständliche) Ideal darin besteht, Differenzen keinesfalls zu nivellieren, scheint daher die monografische Form angemessener zu sein.

Begriffsgeschichten mit globalem Anspruch überfordern allerdings auch diese Form. Das zeigt der auf einen globalen Vergleich zielende Band *Semantiken der Arbeit* von Jörn Leonhard und Willibald Steinmetz. Und eine vollständige Geschichte der Semantik des Politischen müsste nicht nur die aus dem griechischen Wort *polis* abgeleiteten Wortgruppen *politikos*, *Politica* und benachbarte lateinische Bildungen wie *civilis* und *res publica* behandeln, sondern darüber hinaus mit Blick auf die Volkssprachen die Äquivalente für Herrschaft, Regierung, Interesse, Staat, Macht usw. und schließlich auch übergreifende Metaphoriken wie diejenigen des Körpers, der Maschine oder des Netzes analysieren. Eine solche umfassende Untersuchung ist kaum möglich, so dass sich Untersuchungen auf einzelne Stränge der Semantiken des Politischen konzentrieren (vgl. Meier/Papenheim/Steinmetz 2012: 7-10). Gerade dort, wo Begriffsgeschichten gut lesbar sein und eine praktisch-informative Funktion erfüllen sollen (wie im *Historischen Wörterbuch der Philosophie*) oder auf problemorientierte Synthesen zielen (etwa auf den Zusammenhang einer Transformationsepoche der politisch-sozialen Sprache), ist eine Konzentration auf wesentliche, lexikalisch dargestellte Verwendungsweisen und Umbrüche – »innovative Wende- und Knotenpunkte« (Koselleck, 1992: VI) – durchaus weiterhin sinnvoll.

Mit der Digitalisierung vervielfältigen sich auch die Darstellungsmöglichkeiten von Begriffsgeschichten. Die Ergebnisse quantitativer Untersuchungen wie zum Beispiel Begriffsstreuungen, -bündel oder -nachbarschaften lassen sich in Diagrammen, Tabellen, Clustern oder Wortwolken visualisieren. Diese Darstellungen bieten Alternativen zu Registern, deren Funktion es in den großen Wörterbüchern der Begriffsgeschichte war, die durch die Konzentration auf Grundbegriffe vernachlässigten Wortfelder, Unter- und Überordnungen, Gegen- und Parallelbegriffe etc. hervortreten zu lassen. Bei Online-Publikationen kann durch Hyperlinks die Diachronie einzelner Begriffe in ihrer Vernetzung dargestellt werden; darüber hinaus können weitere Textkontexte verlinkt werden, auf die sich der jeweilige begriffsgeschichtliche Befund bezieht. Insgesamt zeichnet sich die Tendenz ab, dass der Computer als Universalmedium zuvor getrennte oder nur lose miteinander verknüpfte mediale Formate zusammenführt, womit sich der Druck auf die Historische Semantik erhöht, auch die in anderen als in den Buchmedien überlieferten sprachlichen, aber auch nichtsprachlichen Dokumente in ihre Untersuchungen einzubeziehen.

10. Die Zukunft der Begriffsgeschichte – Desiderate und Grenzen

Die lange Produktionszeit der begriffsgeschichtlichen Wörterbücher hat sie teilweise schon vor ihrem Abschluss veralten lassen. Nicht nur hat sich seither, und nicht zuletzt durch die digitalen Recherchemöglichkeiten, die materiale Kenntnis vieler Begriffsgeschichten enorm erweitert, auch methodisch hat sich viel verändert. So ist schon länger eine grundlegende Überarbeitung des *Historischen Wörterbuchs der Philosophie*, insbesondere seiner ersten Bände, im Gespräch. Ein »langes Vierteljahrhundert« Arbeit an den *Geschichtlichen Grundbegriffen* resümierend, hat Reinhart Koselleck im 1992 verfassten Vorwort zum letzten Textband des Wörterbuchs verschiedene Felder der zukünftigen Begriffsgeschichte selbst skizziert: Er sah sie in der stärkeren Einbeziehung von Gegenbegriffen, womit er zugleich die Nähe und Entfernung der Begriffsgeschichte zur Diskursanalyse ansprach; in der Einbeziehung der Metaphorik im Sinne Hans Blumenbergs; schließlich in der methodischen Organisation einer international vergleichenden Begriffsgeschichte. Tatsächlich hat sich die Begriffsgeschichte seitdem auf diesen Feldern bewegt und weiterentwickelt. Es sind allerdings auch noch zahlreiche weitere Herausforderungen, Forschungsperspektiven und Fragestellungen entstanden, die in diesem abschließenden Kapitel ausblickhaft dargestellt werden sollen.

Was zunächst den Koselleck'schen Ansatz selbst betrifft, so ist er in den letzten Jahren in verschiedener Hinsicht einer Historisierung unterzogen worden. Dies betrifft zunächst die Ebene der Grundbegriffe. Auffällig viele Artikel der *Geschichtlichen Grundbegriffe* konstatieren in ihren Ausblicken auf das 20. Jahrhundert eine Entleerung, Abnutzung oder Neutralisierung der Begriffe. Komplementär dazu zeigt sich aus heutiger Sicht, dass wichtige Begriffe unserer Gegenwart selbst in den umfangreichen Registerbänden des Wörterbuchs entweder gar nicht (wie Globalisierung, Innovation, Regulierung, Ressource) oder nur sehr selten (wie Information, Interaktion, Kommunikation, Medien, Umwelt) auftauchen. Manche in den *Geschichtlichen Grundbegriffen* unterbelichteten Diskurse haben Schüler Kosellecks nachgetragen, Lucian Hölscher etwa zur Frömmigkeitsgeschichte (Hölscher 2005). Christian Geulen hat Überlegungen angestellt, wie die *Geschichtlichen Grundbegriffe* für das 20. Jahrhundert fortgeführt werden können (Geulen 2010). Dabei kann es nicht nur darum gehen, den Ansatz Kosellecks einfach durch die Einbeziehung weiterer Begriffe fortzuschreiben. Zur Historisierung gehört vielmehr auch die Reflexion seiner historischen Bedingtheit und Selektivität. So sind die vier Prozesskategorien bei Koselleck (Verzeitlichung, Demokratisierung, Ideologisierbarkeit, Politisierung) nicht ohne den Hintergrund des Kalten Krieges zu verstehen, und mit anderen Fragestellungen und einem veränderten heuristischen Zugriff würde ein anderes 18. und 19. Jahrhundert entstehen als das der *Geschichtlichen Grundbegriffe.* Auffällig geworden ist auch die starke Geschlechtercodierung des Wörterbuchs, die als historischer Index der gesellschaftlichen Situation der Geschichtswissenschaft der 1970er Jahre gelten kann (vgl. Wobbe 2010). Hier stellt sich die Frage, ob es sinnvoll ist, den strukturell bedingten und institutionell abgesicherten Ausschluss oder die Marginalisierung von Frauen im Nachhinein umzudeuten. Eine Aufgabe der Begriffsgeschichte könnte aber darin bestehen, anhand der Analyse von einschlägigen Komplementärbegriffen wie Mann und Frau oder Junge und Mädchen den Konstruktionen von Geschlechterdifferenzen in der Moderne nachzugehen.

Die Veränderungen der Heuristik betreffen auch andere Komplexe wie etwa den Leitbegriff der Sattelzeit oder die Frage, ob hermeneutische Kategorien wie Erfahrung und Erwartung im Zeitalter der Digitalisierung ihre Relevanz behalten. Erfahrung mit Relevanz für die Semantik ist heute weniger denn je unmittelbar, sie ist medial vermittelt und kaum einzelnen Subjekten zuzurechnen, sondern gleichsam unerfahrbar geworden. Wenn überhaupt von Erfahrung gesprochen werden kann, dann beruht sie auf hochabstrakten, durch Statistiken, Algorithmen oder technische Messungen vermittelten Daten, über die dann sinnlich nicht greifbare Phänomene wie Radioaktivität, das Ozonloch oder der Treibhauseffekt als Wissensobjekte und politische Streitsachen konstituiert werden.

Eine Fortführung der Begriffsgeschichte fürs 20. und 21. Jahrhundert hätte auch die Entstehung oder den Bedeutungsgewinn neuer Begriffstypen (wie die bereits genannten, für das 20. Jahrhundert zentralen selbstbezüglichen Prozessbegriffe mit dem Suffix -isierung) sowie Veränderungen im Verständnis von Politik und Geschichte zu berücksichtigen, die auf das Gesamtgefüge der heuristischen Leitkategorien durchschlagen. Neben der Erprobung neuer Leitkategorien wie Verwissenschaftlichung, Emotionalisierung, Verräumlichung, Anglisierung, Popularisierung gilt es auch, Zuspitzungen, Umkehrungen und Gegenbewegungen zu erfassen, wie etwa Prozesse der Mythisierung, Entbegrifflichung oder Entsprachlichung, Entpolitisierung, Entgeschichtlichung, Naturalisierung. Die im Vergleich mit dem 18. und 19. Jahrhundert gewachsene gesellschaftliche Bedeutung der Natur- und Technikwissenschaften und die zunehmende Verflechtung von Natur und Gesellschaft im materialen Sinne zwingen zur Einbeziehung der Wissenschaftsgeschichte und zu einer Reflexion des Zusammenhangs zwischen Politik und Naturwissenschaften, die zu einer wichtigen Legitimations- und Orientierungsinstanz geworden sind – man denke nur an den Klimawandel. Zum Komplex der Verwissenschaftlichung gehört die Ausbreitung begrifflichen, wissenschaftlichen oder theoriehaltigen Wissens, die sich auch in der stärkeren Reflexivität, Steuerung und Instrumentalisierung des Sprachgebrauchs niederschlägt. Es scheint so, als ob in der Konsequenz der Verwissenschaftlichung des Sozialen die Begriffe an historischer Tiefe verlieren und schneller veralten. Klassische Bewegungs- und Kollektivbegriffe wie Fortschritt oder Geschichte sind verblasst; an ihre Stelle treten andere wie Globalisierung oder Innovation. Die Beschleunigung des gesellschaftlichen und semantischen Wandels führt zu einer Annäherung von Begriffs- und Zeitgeschichte.

Zur Signatur des 20. Jahrhunderts gehört auch die Entstehung neuer sozialer Bewegungen wie etwa die Frauen-, Bürgerrechts-, Umwelt- oder Lesben- und Schwulenbewegung, die zu einer Pluralisierung und Kulturalisierung von Protestkulturen und politischen Ausdrucksformen geführt haben. Sie reagieren auf neuartige Konfliktzonen und Problemfelder sowie auf veränderte Machtverhältnisse. Trotz der Umbrüche im 20. Jahrhundert wäre es wohl verfehlt, erneut eine Sattelzeit zu unterstellen. Das erst wenige Jahrzehnte zurückliegende Jahrhundert weist keine semantischen Schwellen auf, die uns die davorliegende Semantik unverständlich machen würden; wohl aber ist für dieses *Zeitalter der Extreme* (Eric Hobsbawm) vor allem von synchronen Übertragungen sowie von mehreren Umbrüchen verschiedener Reichweite und Dauer auszugehen, wofür unter anderem die auffällige Häufung von Epochenbegriffen (Atomzeitalter, Computerzeitalter, Risikogesellschaft, Anthropozän) spricht.

Im Anschluss an Anselm Doering-Manteuffels und Lutz Raphaels Essay *Nach dem Boom* gehen in den letzten Jahren eine ganze Reihe von Historikerinnen und Historikern von einem bis in die Gegenwart reichenden *Strukturbruch*, einem sozialen Wandel von revolutionärer Qualität in den Jahrzehnten seit 1970 aus (Leendertz/Meteling 2016). Der Umbau der Semantik muss erst genauer geprüft und untersucht werden, er ist verbunden mit einer Uminterpretation der Moderne, wobei deren Ambivalenzen unter anderem in der Spannung zwischen der Idee der Planung des Sozialen einerseits und der ökonomischen Liberalisierung andererseits in den Blick genommen werden. Gegen Vorstellungen einer staatlichen Regulierung der noch in Gesellschaftsbegriffen verstandenen kapitalistisch-industriellen Ökonomie werden nun tendenziell flächendeckende Markt- und Wettbewerbsstrukturen implementiert, verbunden mit der Betonung von ›Innovation‹ und individueller Eigenverantwortung (›unternehmerisches Selbst‹) sowie einer liberalen Akzentuierung subjektiv-individueller Rechte. Bisherige Studien zeigen, wie etwa der Fortschritts- durch den Wachstumsbegriff oder die Begriffe der Planung und der Prognose durch Begriffe wie Risiko und Sicherheit supplementiert oder verdrängt werden – mit weitreichenden Folgen auch für die Zeitvorstellungen. Waren Kosellecks Grundbegriffe an relativ stabile Gemeinschaften (Klassen, Parteien etc.) sowie an Wert- und Weltanschauungssysteme gebunden, so verliert nicht nur diese Verbindung, sondern auch die Annahme einer längerfristigen Stabilität bestimmter Wort-Begriff-Konstellationen am Ende des 20. Jahrhunderts an Plausibilität. Es ist sicher kein Zufall, dass für die jüngere Geschichte vor allem Begriffe mit einer nur ›mittleren Reichweite‹ unterstellt werden (z.B. Bröckling/Krasmann/Lemke 2004); damit verbunden ist eine rasante Vervielfältigung und Vieldeutigkeit der Begriffe. Massendemokratische Machtpraktiken adressieren mit Begriffen oft keine Interessengruppen oder Milieus mehr, sondern Individuen, die ihre ›Identitäten‹ und Programme selbstbestimmt ausbilden sollen, wobei ihre wechselseitigen Verhältnisse wie Naturverhältnisse, als Produkte eigener Vermögen und Leistungen erscheinen.

Neben und zuweilen verbunden mit der Geschichte der Wissenschaften hat die neuere Begriffsgeschichte weitere Gegenstandsfelder erschlossen. Markant sind hierbei vor allem die Geschichte der Gefühle sowie ikonische Semantiken. In Anlehnung an Kosellecks Verständnis von Begriffen als Faktoren und Indikatoren des Wandels werden Gefühlswörter dabei nicht lediglich als Bezeichnungen von Gefühlen, sondern als konstitutive Momente in der Entstehungs- und Wandlungsgeschichte von Gefühlen selbst gefasst. Ein Beispiel ist das von Ute Frevert u.a. herausgegebene Buch *Gefühlswissen. Eine lexikalische Spurensuche in der Moderne* (2011). Es übernimmt von Koselleck die Sattelzeitthese vom Beginn der Moderne um 1750, fügt aber dann eine im späten 19. Jahrhundert anhebende ›zweite Sattelzeit‹ an, in der das Wissen über Gefühle eine grundlegende Umcodierung erfahre. Gründe dafür sehen die Autorinnen und Autoren in der naturwissenschaftlichen Wende der Psychologie im 20. Jahrhundert und in ihrem Aufstieg zu einer Lebenswissenschaft, die tief in die Lebensführung der Menschen eingegriffen habe und eingreife. Ist die Gefühlsgeschichte auf begriffshistorische Forschungen angewiesen, um die historisch-kulturellen Vermittlungen von Affektkulturen analysieren zu können, so sind in umgekehrter Perspektive auch Gefühle als Faktoren von Geschichte, als Komponenten und Motivatoren begrifflicher und bildlicher Prägungen oder als Ressourcen politischer Kommunikation zu erschließen. Felder, auf denen diese Aspekte bislang vor allem diskutiert worden sind, bilden die Propagandaforschung, die Medienwirkungsforschung, die Stereotypenforschung, symbolische Kommunikation oder das Feld der Angstkommunikation. Methodisch wird damit ein über Begriffe und Sprache hinausgehendes Konzept von Bedeutung zugrunde gelegt, womit der Überschritt von der Begriffsgeschichte zu einer erweiterten Historischen Semantik vollzogen wird, die, besonders im Falle der Gefühlsgeschichte, auch die Analyse von Praktiken, Ritualen, Gesten, Mimiken, Musik und Bildern einschließen muss.

Eine ähnliche Entgrenzung der Begriffsgeschichte war auch schon von Hans Blumenbergs Metaphorologie intendiert worden, die dieser später zu einer Theorie der Unbegrifflichkeit erweitert hat. Speziell nach der kulturwissenschaftlichen Wende der Geisteswissenschaften ergaben sich damit Untersuchungsobjekte, die in der traditionellen Begriffsgeschichte bislang kaum zur Debatte gestanden hatten – vor- und nichtbegriffliche Diskurse, Institutionen, Diagramme, Materialitäten sowie alle Formen von Bildern. Gegen ältere philosophische Metapherntheorien, die von der Übertragung einer vermeintlich feststehenden Bedeutung auf einen neuen Kontext oder vom Konzept einer Interaktion zweier Komponenten bestimmbarer Herkunfts- und Zielorte ausgehen, profilieren neue kultur- und wissensgeschichtlich geprägte Ansätze im Zeichen der Figur des Viralen oder des Gewebes eine Auffassung der Metapher als eines überdeterminierten, viele Sinnschichten enthaltenden Textelements. Die Metapher erscheint als Knotenpunkt und Schnittstelle in einem Netzwerk von Diskursen und als Stimulus einer wechselseitigen Rückkopplung verschiedener Diskurse. Der Übergang wird greifbar in der Ersetzung des Konzepts der (linearen) Übertragung durch das Konzept der Zirkulation, das die Dimensionen der diskursiven Eigendynamik, Unkontrollierbarkeit und Nichtabschließbarkeit der Prozesse des Bedeutungstransfers deutlicher herausstellt (vgl. Mayer/Weingart 2004). Aus dieser Entgrenzung ergibt sich die Notwendigkeit der Interdisziplinarisierung der Begriffsgeschichte. Die Begriffsgeschichte muss sich also, dies hatte schon Koselleck gesehen, in verstärktem Maße den Übertragungen und Austauschprozessen zwischen verschiedenen sozialen Teilsystemen, Schichten und Milieus, Medien und Registern (z.B. Bild/Begriff, Bewusstes/Unbewusstes) widmen.

Ein hervorstechender Zug der jüngeren Begriffsgeschichte ist die Internationalisierung bzw. Globalisierung der Forschung. Zu den Grundlagen gehören die Übersetzung von Klassikern der Begriffsgeschichte (wie Koselleck, Skinner) in verschiedene Sprachen, die Etablierung begriffsgeschichtlicher Zeitschriften in wichtigen Weltsprachen (für das Englische etwa die *Contributions to the History of Concepts* und die *Concepts and Contexts in East Asia*; für den spanischsprachigen Raum die *Conceptos Históricos*) sowie die Herausbildung internationaler Netzwerke wie die History of Political and Social Concepts Group, die seit 1999 an wechselnden Orten auf verschiedenen Kontinenten große internationale Kongresse zur Begriffsgeschichte organisiert. Die Globalisierung der Forschung dokumentiert sich darüber hinaus in großen Wörterbuchprojekten, die in vergleichbarer Weise wie die *Geschichtlichen Grundbegriffe* den langfristigen Bedeutungswandel verschiedener Sprachen untersuchen – zu nennen sind hier etwa das auf die Länder Korea, Japan und China bezogene *Project for the Intercommunication of East Asian Basic Concepts* sowie das von Javier Fernández Sebastián herausgegebene zehnbändige *Diccionario político y social del mundo iberoamericano. La era de las revoluciones, 1750–1850*. Mit solchen größeren Projekten geht immer auch die Frage einher, ob sich heuristische Schlüsselkategorien wie die Sattelzeit- oder die Verzeitlichungsthese auf andere, vor allem außereuropäische Sprachräume übertragen lassen oder ob sich hier nicht andere Leithypothesen ergeben.

Mit der Überschreitung der nationalen und monolingualen Ausrichtung hin zu einer transkulturellen, globalgeschichtlichen Historischen Semantik vervielfältigen und verkomplizieren sich die methodischen Probleme erheblich, denn zur Berücksichtigung der historischen und soziokulturellen Bedeutungsdifferenzen kommen nun die Problematiken der Übersetzung von Fremdsprachen und des interkulturellen Vergleichs hinzu. Während die Aufgabe der klassischen Begriffsgeschichte für verschiedene historische Disziplinen zunächst vorrangig darin bestand, das zeitliche Bewusstsein für sprachliche und begriffliche Differenzen zu schärfen, so besteht heute die forschungspraktische Herausforderung einer global interessierten Geschichtswissenschaft eher darin, gemeinsame oder vergleichbare analytische Kategorien für eine globale Welt und ihre transnationalen Geschichten zu entwickeln. Begriffe sind nicht nur in der Zeit, sondern vor allem auch im Raum zu untersuchen. Ein hermeneutisches Hauptproblem der komparativen Historischen Semantik liegt in der Schwierigkeit der Konstruktion der Gegenstände, die miteinander verglichen werden sollen. Sie ist umso größer, je weiter die Sprachen voneinander entfernt und je weniger die Kulturen historisch miteinander verflochten waren. Ein Vergleich muss hier gleichsam doppelgleisig verfahren und sich sowohl auf die Sprachzeugnisse wie auch auf die sprachlich erschlossenen gesellschaftlichen Sachverhalte beziehen. Dabei ist es zu vermeiden, von vornherein eine Bedeutungsidentität vermeintlicher Wortäquivalente zu unterstellen und den Fokus zu stark auf eine Wort-für-Wort-Übersetzung zu verengen. Stattdessen sollten für die jeweiligen Sprachen die Vielfalt der begrifflichen Zuordnungen und Verweisungszusammenhänge einzelner Ausdrücke ausgelotet werden. So ist, wie Koselleck hervorhebt, das funktionale Äquivalent zur französischen ›nation‹ im Deutschen nicht, wie man erwarten könnte, ›Volk‹, sondern zunächst ›Staat‹. In ähnlichem Sinne sehen Michael Werner und Bénédicte Zimmermann zwischen dem französischen ›public‹ und dem deutschen ›öffentlich‹ grundlegende Unterschiede, die die Vorstellung einer funktionalen Homologie aufbrechen (Werner/Zimmermann 2002: 625). Auch ›Umwelt‹, ›environment‹ und ›milieu‹ sind keine einfachen Äquivalente. Gerade in ihren Gegensätzen sind sie zugleich auch aufeinander bezogen, denn der Begriff der Umwelt verdankt seine Karriere auch der Zurückdrängung und Verdrängung des französischen Begriffs milieu. An diesem Beispiel wird deutlich, dass die historisch vergleichende Perspektive um den Blick auf transnationale und kulturelle Verflechtungen ergänzt werden muss, denn was als vermeintlich ursprünglich Getrenntes aufeinander bezogen wird, stellt sich nicht selten als Resultat historischer Abgrenzungs- und Trennungsprozesse heraus.

Darüber hinaus sind komplizierte Übertragungs- und Rückübertragungsdynamiken zu berücksichtigen, wie sich an den Begriffen Nachhaltigkeit und sustainability veranschaulichen lässt. Bei ›Nachhaltigkeit‹ als Schlüsselbegriff der neueren Ökologiedebatte handelt es sich keineswegs um eine Übersetzung von ›sustainability‹, sondern um eine Rückübersetzung, denn das bereits im 18. Jahrhundert in forstwirtschaftlichem Zusammenhang geprägte deutsche Wort war der Vorläufer und diente im 19. Jahrhundert als Blaupause für den englischen Begriff (vgl. Grober 2002). Die Rückübersetzung im Rahmen der Ökologiedebatte der 1980er Jahre war dann kein einfacher und neutraler Rückgriff auf ältere Bestimmungen, sondern bedeutete zugleich eine Zurückdrängung zeitgenössischer Deutungsmuster (etwa einer verantwortlichen Gesellschaft). Der Nachhaltigkeitsbegriff, der aufgrund seiner langen Geschichte und seiner Modellfunktion als adäquate Entsprechung für den Begriff sustainability erscheint, erfüllt im globalisierten Ökologiediskurs eine ideologische Stützfunktion, weil sich seit seiner Prägung der Referenzbereich disziplinär entgrenzt, sozialisiert und politisiert hat.

Sprachliche und interkulturelle Übersetzungsprozesse spielen in der gegenwärtigen Forschung zur Begriffsgeschichte eine wachsende Rolle. Ein wichtiges Forschungsinteresse richtet sich dabei auf die Bedeutungsveränderungen, Umformungen und semantischen Neufassungen, die mit den Übersetzungsvorgängen verbunden sind. Ein historisches Beispiel ist Wilhelm von Moerbekes um 1265 unternommene Übersetzung der aristotelischen *Politika* aus dem Griechischen ins Lateinische. Aus dem leitenden Staatsmann (›politikos‹) wird bei Moerbeke ›das Politische‹ (›politicum‹), aus dem königlichen Mann ›das Königliche‹ (›Regale‹). Durch diese und andere Übertragungen ergeben sich Bedeutungsverschiebungen, die später enorm einflussreich geworden sind. Verallgemeinernd ist gezeigt worden, dass fast alle Neuerungen der mittelalterlichen politischen Theorie auf diesen semantischen Brüchen basierten (vgl. Meier/Papenheim/Steinmetz 2012: 19-20). Vermeintlich ungenaue Übertragungen erweisen sich als Versuche, die alten Gehalte mit den tiefgreifend veränderten Bedingungen zu vermitteln. Um den Ursachen dieser Übersetzungsbrüche genauer nachzugehen, ist Übersetzen nicht mehr lediglich als philologisches Verfahren zu fassen, sondern in umfassenderem Sinne als materielles und kulturelles Übertragungs- und Austauschgeschehen. Von Gesichtspunkten wie Werktreue, Original, Äquivalenz verschiebt sich damit das Interesse auf solche wie Transformationen, kulturelle Diversität und Diskontinuität; gefragt wird unter anderem, auf welche Veränderungen diese Bedeutungsverschiebungen reagieren, warum sie den Zeitgenossinnen und Zeitgenossen plausibel erschienen, auf welchen Wegen, über welche Medien, Multiplikatoren und Praktiken bestimmte Begriffe und daran geknüpfte Praktiken und Objekte übertragen, übersetzt und dadurch verändert werden etc.

Margrit Pernau hat angeregt, als Tertium comparationis nicht nur von Begriffen oder Praktiken, sondern auch von sozialhistorischen und kulturellen Problemlagen beziehungsweise den unterschiedlichen Antworten auf diese Problemlagen auszugehen, wobei diese dann selbst in ihrer historischen und gesellschaftlichen Spezifik zu fassen sind (Pernau 2007a, 2007b). Arbeiten aus den Postcolonial Studies haben dafür sensibilisiert, dass in vergleichenden Untersuchungen oft westliche Begriffe beziehungsweise Europäismen (z.B. Bürgertum, Demokratie, Gleichheit, Menschenwürde, Öffentlichkeit) unreflektiert als Analysekategorien dienen, denen eine universelle oder normative Bedeutung beigelegt wird. Sie werden zum Maßstab, an dem die Begriffe der jeweils anderen Kulturen gemessen werden. Keineswegs zufällig ist die Methode des Zivilisationsvergleichs ein Produkt der modernen Geschichte und auf Erscheinungen der Gleichzeitigkeit des Ungleichzeitigen bezogen. Eng verbunden mit dem Vorwurf des Eurozentrismus ist das sogenannte Eurochronologie-Problem, nämlich die Verwendung von Periodisierungen, die aus den westlichen Entwicklungen abgeleitet sind (wie Moderne, Renaissance, Avantgarde oder Postmoderne). Wenn solche Begriffe zugrunde gelegt werden, dann sollten sie nicht als fester Maßstab dienen, sondern flexibel gefasst werden, um auch außereuropäische Erfahrungen aufnehmen zu können, die dann ihrerseits das Potenzial haben, die Ausgangsbegriffe zu verändern und zu erweitern.

Man könne, so Pernau, durchaus auch bezogen auf das koloniale Indien von ›Bürgertum‹ oder ›Mittelklasse‹ sprechen, aber so, dass in der historischen Gegenüberstellung des deutschen Begriffs Bürger und des nordindisch-muslimischen Begriffs Ashraf der Bürger nicht mehr nur im Gehrock und mit Stehkragen, sondern eben auch mit Turban vorstellbar wird (Pernau 2007a: 121). Willibald Steinmetz hat dagegen eingewandt, dass so überdeterminiert europäisch aufgeladene Begriffe wie Bürger für solche semantischen Anreicherungsoperationen nicht geeignet seien. In Bezug auf den Arbeitsbegriff in verschiedenen Kulturen fragt er, mit welchem Recht man etwa davon ausgehen könne, »dass ein abstrakter, unzählige Tätigkeitsformen und -felder einschließender Arbeitsbegriff [...] als Universalie behandelt werden kann« (Steinmetz/Leonhard 2016: 10-11, vgl. 195). Stattdessen schlägt er heuristisch abstrahierende Vorabdefinitionen vor, die jedoch nicht dazu führen dürften, einen abstrakten Arbeitsbegriff für alle Zeiten und Räume zu unterstellen. Barbara Cassin hat in ihrem *Dictionnaire des intraduisibles* die Darstellung der europäischen Sprachenvielfalt vor allem philosophischer Begriffe allerdings mit der These verbunden, dass adäquate Übersetzungen zwischen den Nationalsprachen weder möglich noch wünschenswert seien, und für die Vielsprachigkeit plädiert (Cassin 2004). Dass das mit Paradoxien einhergeht, wurde noch einmal sichtbar, als die Komparatistin Emily Apter das Wörterbuch als Ganzes ins Englische übersetzte.

Als ein weiteres Problemfeld für zukünftige Arbeiten sieht Steinmetz die Erschließung der europäischen Vormoderne an. Der besondere Reiz besteht hier darin, dass für diesen Zeitraum zumindest für bestimmte soziale Schichten Mehrsprachigkeit der Regelfall war; darüber hinaus ist es unmöglich, nationale Sprachgemeinschaften isoliert voneinander zu betrachten – vielmehr müssen Übersetzungen und Rückübersetzungen zwischen lateinischer (schriftlicher) Gelehrtensprache und (mündlicher, zunehmend verschriftlichter) Volkssprache sowie insbesondere seit dem 17. Jahrhundert zwischen Vernakularsprachen und (fremdsprachlicher) Elitenkommunikation auf verschiedenen, sozial und funktional differenzierten Praxisfeldern wie Politik, Kirche oder Rechtsprechung untersucht werden. Besondere methodische Schwierigkeiten bringen Untersuchungen von Kulturen mit sich, zwischen denen es historisch keine selbst wieder als Quellenbefund anzusehenden Übersetzungen gibt, die miteinander ins Verhältnis gesetzt werden können.

Zu den großen Herausforderungen der Geisteswissenschaften und speziell der Begriffsgeschichte gehört die Digitalisierung. Diese betrifft die Begriffsgeschichte in doppelter Weise, nämlich in Bezug auf ihre Forschungsmethoden und im Hinblick auf ihre Untersuchungsgegenstände. Bislang war es weithin so, dass die digitalen Analyseverfahren und Werkzeuge nicht auf spezifisch begriffsgeschichtliche Bedürfnisse zugeschnitten waren. Zunächst wurden die Infrastrukturen und Mittel genutzt, die die technischen Entwicklungen und die Aktivitäten anderer Disziplinen anboten. Davon zeugt der Aufbau von begriffsgeschichtlichen Belegstellensammlungen (wie etwa bioconcepts), Textdatenbanken (z.B. auf der Website der Zeitschrift *Contributions to the History of Concepts*) und Arbeitsplattformen (wie etwa die Wiki-Plattform zu Grundbegriffen des 20. Jahrhunderts am Leibniz-Zentrum für Literatur- und Kulturforschung). Durch die Vernetzung dieser Plattformen könnten begriffsgeschichtliche Forschungen zusammengeführt und mit anderen Datenbanken verbunden werden. Begriffsgeschichtliches Zitatmaterial könnte dann zum Beispiel durch Verlinkung direkt mit den Originalquellen verbunden werden. Neue Perspektiven eröffnen sich auch durch die Zusammenarbeit von begriffsgeschichtlich Forschenden mit Computerlinguisten und Programmierern. Was vor geraumer Zeit noch als ein Desiderat erschien, etwa Programme, die das Aufkommen einer neuen Begriffsbedeutung signalisieren, ist heute technisch einlösbar. Ein avanciertes Forschungsmittel, das speziell für begriffsgeschichtliche Interessen entworfen wurde, ist die Open-Source-Software JoBimText. Sie erlaubt es, große Datenmengen nach grammatischen Mustern (Paradigmen) weitgehend automatisch zu erschließen. In ersten Versuchen zu den Begriffen Vernetzung, freedom und Diversity konnten jeweils unterschiedliche thematische Cluster herausgefiltert und verschiedenfarbig grafisch dargestellt werden. Eine anschließende diachrone Analyse entlang verschiedener Zeitabschnitte hat historische Veränderungen in der Beziehungsstruktur der verschiedenen Cluster sowie einzelner ihrer Elemente erfasst. Durch *Distant Measurement* lassen sich die Herauslösung bestimmter Substantive aus angestammten Clustern und ihr Einwandern in angrenzende Cluster verfolgen, was auf Prozesse der Metaphorisierung und damit verbundene Bedeutungsverschiebungen schließen lässt (Friedrich/Biemann 2016; Friedrich 2019). Auch wenn die Techniken und Methoden noch verfeinert werden müssen, zeichnen sich hier doch deutlich neue Formen der begriffsgeschichtlichen Forschung ab.

Die Digitalisierung betrifft auch die Gegenstände der Begriffsgeschichte. Durch die Entwicklung der Internetkommunikation wird das gesellschaftliche Wissen neu strukturiert. Eine zukünftige Begriffsgeschichte der heutigen Gegenwart hätte es mit gänzlich neuen Formen der Öffentlichkeit zu tun, die sich universalisiert und globalisiert, zugleich aber auch immer weiter ausdifferenziert und fragmentarisiert. Dazu gehört die Flüchtigkeit und Beschleunigung der Kommunikation, die immer schwerer zu verorten und zu referenzieren ist – etwa, weil Webseiten nicht mehr aufgerufen werden können oder keine standardisierten Metadaten zur Verfügung stehen. Durch die wachsende Intertextualität und Koppelung verschiedener medialer Formate wächst auch der Druck auf die Historische Semantik, die in anderen als in den Buchmedien überlieferten sprachlichen, aber auch nichtsprachlichen Dokumente in ihre Untersuchungen einzubeziehen; es scheint zunehmend wichtiger zu werden, den Schnittstellen zwischen Internetkommunikation und gesellschaftlichen Kommunikationsprozessen besondere Aufmerksamkeit zu schenken. Man denke an die immense Wirkung einzelner Internetvideos von Influencerinnen und Influencern auf Youtube, die Dutzende Millionen Male abgerufen werden und auch konkrete politische Auswirkungen haben können. Inwieweit es allerdings möglich oder sinnvoll ist, auch die neuen Onlineformen wie Foren, Chats, Mailinglists, Newsgroups, Blogs, Twitterbeiträge, Social-Media-Posts etc. in die Analyse gesellschaftlicher Diskurse einzubeziehen, ist eine völlig offene Frage.

Die Begriffsgeschichte steht selbst in der Geschichte und verändert sich mit ihr. Es ist nicht auszuschließen, dass die Bedingungen, die sie einmal hervorgebracht haben, sich historisch auch wieder verlieren. Für die nähere Zukunft ist eine solche Depotenzierung der Begriffsgeschichte jedoch eher nicht zu erwarten – im Gegenteil, sie scheint gerade in der jüngeren Zeit in neuer, kräftiger Bewegung begriffen.

Anhang

Kommentierte Bibliografie

Methodische Texte / Zur Geschichte der Begriffsgeschichte

Adorno, Theodor W. (1973/74): Philosophische Terminologie. Zur Einleitung, 2 Bde., hrsg. von Rudolf zur Lippe, Frankfurt/Main: Suhrkamp.

Arendt, Hannah (1958/1960): Vita activa oder Vom tätigen Leben, München, Zürich: Piper.

Bal, Mieke (2002): Kulturanalyse, hrsg. und mit einem Nachwort versehen von Thomas Fechner-Smarsly und Sonja Neef. Aus dem Englischen von Joachim Schulte, Frankfurt/Main: Suhrkamp.

Benjamin, Walter (1983): Das Passagen-Werk. Bd. 1, in: Gesammelte Schriften, V.1, hrsg. von Rolf Tiedemann, Frankfurt/Main: Suhrkamp.

Blumenberg, Hans (1979): »Ausblick auf eine Theorie der Unbegrifflichkeit«, in: ders., Schiffbruch mit Zuschauer. Paradigma einer Daseinsmetapher, Frankfurt/Main: Suhrkamp, S. 75-93.

Blumenberg, Hans (1986): Lebenszeit und Weltzeit, Frankfurt/Main: Suhrkamp.

Blumenberg, Hans (1988): Legitimität der Neuzeit, Frankfurt/Main: Suhrkamp.

Blumenberg, Hans (1960/1998): Paradigmen zu einer Metaphorologie, Frankfurt/Main: Suhrkamp. *Dieses noch im Vorfeld der großen begriffsgeschichtlichen Wörterbücher entstandene Werk ist die erste programmatische Ausarbeitung der Bedeutung der Metaphorologie für die philosophische Begriffsgeschichte und auf diesem Feld bis heute einer der meistdiskutierten Ansätze. Nach einer die Problematik historisch und systematisch-methodisch reflektierenden Einleitung dokumentieren Fallstudien zu einzelnen absoluten Metaphern (wie der der ›nackten‹ Wahrheit) sowie zum Verhältnis der Metaphorologie zur Wahrheitsfrage, zum Mythos oder zur Symbolik die Grenzen einer aufs Begriffliche fokussierten Historischen Semantik. In spä-*

teren Arbeiten hat Blumenberg die Metaphorologie zu einer Theorie der Unbegrifflichkeit auszubauen versucht.

Blumenberg, Hans (2001): »Sprachsituation und immanente Poetik«, in: ders., Ästhetische und metaphorologische Schriften. Auswahl und Nachwort von Anselm Haverkamp, Frankfurt/Main: Suhrkamp, S. 120-138.

Bödeker, Hans Erich (Hg.) (2002a): Begriffsgeschichte, Diskursgeschichte, Metapherngeschichte. Mit Beiträgen von Mark Bevir, Hans Erich Bödeker, Lutz Danneberg, Jacques Guilhaumou, Reinhart Koselleck, Ulrich Ricken und Rüdiger Zill, Göttingen: Wallstein. *Die Sammlung von Aufsätzen von 2002, an der sich Koselleck selbst noch mit einem Beitrag zur temporalen Struktur von Begriffen beteiligte, bildet eine Zäsur in der Diskussion, insofern in ihr Begriffsgeschichte, Diskursgeschichte und Metapherngeschichte nicht als einander ausschließende Methoden, sondern in ihrer wechselseitigen Verflechtung und Ergänzung in den historischen Kulturwissenschaften diskutiert werden. Durch Aufnahme von Beiträgen zur Intellectual History (Mark Bevir) und zur ›analyse du discours‹ (Jacques Guilhaumou) werden die unterschiedlichen internationalen Ansätze, die einander bis dahin kaum zur Kenntnis genommen hatten, in einen Kontext gerückt. Die »Reflexionen über die Begriffsgeschichte als Methode« des Herausgebers sind sehr instruktiv.*

Bödeker, Hans Erich (2002b): »Reflexionen über Begriffsgeschichte als Methode«, in: ders. (Hg.), Begriffsgeschichte, Diskursgeschichte, Metapherngeschichte, Göttingen: Wallstein, S. 73-121.

Bollenbeck, Georg (1994): Bildung und Kultur. Glanz und Elend eines deutschen Deutungsmusters, Frankfurt/Main u.a.: Insel.

Bollenbeck, Georg/Knobloch, Clemens (Hg.) (2001): »Vorwort«, in: dies., Semantischer Umbau der Geisteswissenschaften nach 1933 und 1945, Heidelberg: Winter, S. 5-8.

Brandt, Christina (2008): »Codes & Clones: Begriffs-Konjunkturen in den Biowissenschaften 1950–1980«, in: zeitgeschichte 35/6, S. 354-371.

Briese, Olaf (2009): »›Genommen auß den Commoedien.‹ Katastrophenbegriffe der neuzeitlichen Geologie« in: Wissenschaftsgeschichte als Begriffsgeschichte. Terminologische Umbrüche im Entstehungsprozess der modernen Wissenschaften, Bielefeld: transcript, S. 23-50.

Bröckling, Ulrich/Krasmann, Susanne/Lemke, Thomas (2004): Glossar der Gegenwart, Frankfurt/Main: Suhrkamp. *Das von Soziologen konzipierte Glossar untersucht in 44 Stichworten Begriffe von ›mittlerer Reichweite‹, die ihre hohe strategische Funktion auch dadurch gewinnen, dass sie in verschiedenen Diskursfeldern parallel auftauchen oder von spezifischen Fachdiskursen (Medizin, Recht, Management, Medien) mit hoher Plausibilität in andere Bereiche ausstrahlen. Der an Foucault orientierte diskursanalytische Ansatz tritt im Anspruch hervor, die Begriffe als ›Programme des Regierens‹ zu verstehen und die mit ihnen verbundenen Strategien und Machtpraktiken zu analysieren. Leitfragen gelten u.a. der impliziten Normativität, Perspektivität und Handlungsleitung der Begriffe. Kartiert wird so ein in den 1970er Jahren beginnender Umbruch der Semantik, der einen Gestaltwandel des Politischen und die Herausbildung neuer Selbst- und Sozialverhältnisse anzeigt.*

Brunner, Otto (1942): Land und Herrschaft. Grundfragen der territorialen Verfassungsgeschichte Südostdeutschlands im Mittelalter, Brünn u.a.: Rohrer. *Die Monografie Brunners, eines der Initiatoren der »Geschichtlichen Grundbegriffe«, ist nach wie vor ein Klassiker der historiografischen Begriffsgeschichte. Die Hauptthese ist, dass ›Staat‹, ›Recht‹ und ›Gesellschaft‹ Begriffe aus der politischen Welt der Neuzeit sind, die nicht, wie es die liberale Geschichtsschreibung des 19. Jahrhunderts und auch die Ideengeschichte taten, auf frühere Ordnungen übertragen werden und als deren Maßstab dienen dürfen. Dementsprechend arbeitet Brunner die Begriffe der Verfassung politischer Gebilde des Mittelalters (Land, Fehde, Treue, Schutz etc.) heraus. Brunners Arbeit besticht durch präzise Quellenkenntnis und -auswertung, ist aber zugleich auch ein Dokument ideologischer Befangenheit, die Begriffsgeschichte in Begriffspolitik umbiegt.*

Busse, Dietrich (1987): Historische Semantik. Analyse eines Programms, Stuttgart: Klett-Cotta. *Busse ist einer der wenigen Linguisten, die sich den sprachtheoretischen Voraussetzungen der Begriffsgeschichte in Koselleck'scher Tradition zugewandt haben. In seinem Syntheseversuch von Wittgenstein und Foucault entwickelt Busse ein seit den 1980er Jahren in der deutschen Diskussion wirkungsvolles Konzept, das (sprachliche) Bedeutung aus dem Gebrauch von Worten in konkreten kommunikativen Handlungszusammenhängen entstehen lässt. Außerhalb der jeweiligen konkreten Verwendungsweisen von Wörtern lasse sich keine davon unabhängige ›höhere Bedeutung‹ festhalten. Die Historische Diskursanalyse ist für ihn der eigentliche Ort der Analyse von Bedeutungswandel. Busse unterstützt zwar den Ansatz der Historischen Semantik, kritisiert aber die Begriffe und Hypothesen Kosellecks (vor allem seine Begriffe des Begriffs und Grundbegriffs).*

Canguilhem, Georges (1943/1977): Das Normale und das Pathologische, hrsg. von Wolf Lepenies und Henning Ritter, Frankfurt/Main u.a.: Ullstein.

Cassin, Barbara (Hg.) (2004): Vocabulaire européen des philosophies. Dictionnaire des intraduisibles, Paris: Seuil.

Cassirer, Ernst (1944/1996): Versuch über den Menschen. Einführung in die Philosophie der Kultur, Hamburg: Meiner.

Conze, Werner (1972): Art. »Arbeit«, in: Geschichtliche Grundbegriffe. Historisches Lexikon zur politisch-sozialen Sprache in Deutschland, Bd. 1, hrsg. von Otto Brunner, Werner Conze und Reinhart Koselleck, Stuttgart: Klett-Cotta, S. 154-215.

Danneberg, Lutz/Spoerhase, Carlos/Werle, Dirk (2009): »Einleitung«, in: dies. (Hg.), Begriffe, Metaphern und Imaginationen in Philosophie und Wissenschaftsgeschichte, Wiesbaden: Harrassowitz, S. 7-10.

Dierse, Ulrich (2011): Begriffsgeschichte – Ideengeschichte – Metapherngeschichte, hrsg. von Riccardo Pozzo und Marco Sgarbi (Wiesbaden 2011) (Wolfenbütteler Forschungen Bd. 127), S. 57-67.

Dipper, Christof (2000): »Die ›Geschichtlichen Grundbegriffe‹. Von der Begriffsgeschichte zur Theorie historischer Zeiten«, in: Historische Zeitschrift 270, S. 281-308.

Dutt, Carsten (Hg.) (2003): Herausforderungen der Begriffsgeschichte, Heidelberg: Winter.

Dutt, Carsten (2010): »Begriffsgeschichte als Aufgabe der Literaturwissenschaft«, in: Literaturwissenschaft als Begriffsgeschichte, hrsg. von Christoph Strosetzki, Archiv für Begriffsgeschichte Sonderheft 8, Hamburg: Meiner, S. 97-109.

Eggers, Michael/Rothe, Matthias (2009) »Die Begriffsgeschichte ist tot, es lebe die Begriffsgeschichte! – Einleitung«, in: dies. (Hg.), Wissenschaftsgeschichte als Begriffsgeschichte. Terminologische Umbrüche im Entstehungsprozess der modernen Wissenschaften, Bielefeld: transcript, S. 7-22.

Eucken, Rudolf (1893): Die Grundbegriffe der Gegenwart. Historisch und kritisch entwickelt, Leipzig: Veit (zuerst erschienen unter dem Titel »Geschichte und Kritik der Grundbegriffe der Gegenwart«, Leipzig 1878). *Rudolf Eucken gilt als wirkungsvoller Initiator der philosophischen und lexikografischen Begriffsgeschichte. Er behandelt die philosophische Terminologie im Querschnitt, untersucht also ihre Gesamtgeschichte im*

Griechentum, bei den Römern und im Mittelalter, in der Neuzeit und speziell in Deutschland. Eucken geht es in diesem Band nicht um die Bedeutung der Begriffe im Einzelnen, sondern um ›entscheidende Wendepunkte in ihrem Zusammenhange mit der allgemeinen geistigen Bewegung‹. Er agiert durchaus mit scharfen begrifflichen Unterscheidungen (Wort, Terminus, Begriff) und hat auch die Pragmatik der Terminologie im Blick (begriffliche Kämpfe).

Felder, Ekkehard (Hg.) (2006): »Semantische Kämpfe in Wissensdomänen. Eine Einführung in Benennungs-, Bedeutungs- und Sachverhaltsfixierungs-Konkurrenzen«, in: ders. (Hg.), Semantische Kämpfe. Macht und Sprache in den Wissenschaften, Berlin/New York: De Gruyter.

Fleck, Ludwik (1935/1980): Entstehung und Entwicklung einer wissenschaftlichen Tatsache. Einführung in die Lehre vom Denkstil und Denkkollektiv, mit einer Einleitung von Lothar Schäfer und Thomas Schnelle, Frankfurt/Main: Suhrkamp. *Eine (zeitgenössisch unbeachtet gebliebene) Pionierarbeit der Wissenschaftsgeschichte, die den Gegensatz von Natur- und Geisteswissenschaften unterläuft und am Beispiel der Syphilis die sozialen und kulturhistorischen Dimensionen wissenschaftlicher Begriffe herausarbeitet. Neue analytische Begriffe wie Denkkollektiv, Denkstil oder Gedankenverkehr reflektieren die Vielschichtigkeit, Fragilität und Dynamik von Semantiken sowie die Bedeutung verschiedener sozialer Trägerschichten, Formen und Medien ihres Austauschs, wobei Fleck auch ideografische und ikonische Dimensionen einbezieht.*

Foucault, Michel (1971/1974): Nietzsche, die Genealogie, die Historie, in: ders., Von der Subversion des Wissens. Mit einer Bibliographie der Schriften Foucaults, hrsg. von Walter Seitter, Frankfurt/Main: Fischer, S. 66-90.

Foucault, Michel (1974): Die Ordnung der Dinge. Eine Archäologie der Humanwissenschaften, Frankfurt/Main: Suhrkamp. *Das stark vom Strukturalismus und der historischen Epistemologie geprägte Buch rekonstruiert mit den fundamentalen Codes und diskursiven Regelwerken einer Kultur ein positives Unbewusstes, das die Produktion von Bedeutungen in spezifischer Weise steuert und ausrichtet. Anhand von Analysen verschiedener Disziplinen und Wissensfelder (Arbeit, Leben, Sprache) arbeitet Foucault zwei tiefgreifende Diskontinuitäten in der Entwicklung der abendländischen Kultur heraus. Die Signatur der Moderne sieht er in ihrer neuartigen Historizität, die sämtliche Wissensbereiche erfasst. Sachlich berührt sich die*

Untersuchung mit den zeitgenössischen Forschungen Kosellecks, Foucaults methodischer Zugriff erscheint aber als Herausforderung, weil er strikt antihermeneutisch verfährt.

Foucault, Michel (1981): Archäologie des Wissens, Frankfurt/Main: Suhrkamp.

Frege, Gottlob (1884/1986): Die Grundlagen der Arithmetik: eine logisch mathematische Untersuchung über den Begriff der Zahl, Hamburg: Meiner.

Frevert, Ute/Scheer, Monique/Bailey, Christian/Eitler, Pascal/Gammerl, Benno/Hitzer, Bettina/Pernau, Margrit/Schmidt, Anne/Verheyen, Nina (2011): Gefühlswissen. Eine lexikalische Spurensuche in der Moderne, Frankfurt/Main/New York: Campus.

Fritz, Gerd (1998): Historische Semantik, Stuttgart/Weimar: Metzler.

Friedrich, Alexander (2015): Metaphorologie der Vernetzung. Zur Theorie kultureller Leitmetaphern, München: Fink.

Friedrich, Alexander/Biemann, Chris (2016): »Digitale Begriffsgeschichte? Methodologische Überlegungen und exemplarische Versuche am Beispiel moderner Netzsemantik«, in: Forum Interdisziplinäre Begriffsgeschichte 5/2, S. 78-96, https://www.zfl-berlin.org/tl_files/zfl/downloads/publikationen/forum_begriffsgeschichte/ZfL_FIB_5_2016_2_FriedrichBiemann.pdf, letzter Zugriff 23.3.2020.

Friedrich, Alexander (2019): »Zeitschichten. Zur Operationalisierung einer Theoriemetapher für die digitale Erforschung der Geschichte«, Vortragsmanuskript.

Gabriel, Gottfried (2010): »Die Bedeutung von Begriffsgeschichte und Metaphorologie für eine systematische Philosophie«, in: Literaturwissenschaft als Begriffsgeschichte, hrsg. von Christoph Strosetzki, Archiv für Begriffsgeschichte Sonderheft 8, Hamburg, S. 17-28.

Gabriel, Gottfried (2019): »Definition und Interesse. Zur Normativität von Unterscheidungen«, in: Gerrit Dworok, Thomas Exner (Hg.), Komplexität und Wahrheit, Wissenschaft im Spannungsfeld von Beschreibung, Deutung und Verzerrung, Baden-Baden: Nomos, S. 35-50.

Gadamer, Hans-Georg (1970): »Begriffsgeschichte als Philosophie«, in: Archiv für Begriffsgeschichte 14, S. 137-151.

Gadamer, Hans-Georg (1960/1986): Hermeneutik I. Wahrheit und Methode. Grundzüge einer philosophischen Hermeneutik, in: ders., Gesammelte Werke, Bd. 1, Tübingen: Mohr.

Geulen, Christian (2010): »Plädoyer für eine Geschichte der Grundbegriffe des 20. Jahrhunderts«, in: Zeithistorische Forschungen 7/1, S. 79-97.

Gehring, Petra (2006): »Vom Begriff zur Metapher. Elemente einer Methode der historischen Metaphernforschung«, in: Kreativität. XX. Deutscher Kongress für Philosophie, Sept. 2005 an der Technischen Universität Berlin, Kolloquienbeiträge, hrsg. von Günter Abel, Hamburg: Meiner, S. 800-815.

Grober, Ulrich (2002): »Modewort mit tiefen Wurzeln – Kleine Begriffsgeschichte von ›sustainability‹ und ›Nachhaltigkeit‹«, in: Jahrbuch Ökologie 2003, hrsg. von Günter Altner, Heike Leitschuh-Fecht, Gerd Michelsen, Udo E. Simonis und Ernst U. von Weizsäcker, München: Beck, S. 167-175.

Grober, Ulrich (2010): Die Entdeckung der Nachhaltigkeit. Kulturgeschichte eines Begriffs, München: Kunstmann.

Gumbrecht, Hans Ulrich (2006): »Pyramiden des Geistes. Über den schnellen Aufstieg, die unsichtbaren Dimensionen und das plötzliche Abebben der begriffsgeschichtlichen Bewegung«, in: ders., Dimensionen und Grenzen der Begriffsgeschichte, München: Fink, S. 7-36.

Habermas, Jürgen (1962/1982): Strukturwandel der Öffentlichkeit. Untersuchungen zu einer Kategorie der bürgerlichen Gesellschaft, Darmstadt/Neuwied: Luchterhand.

Hacking, Ian (2001): »Vom Gedächtnis der Begriffe«, in: Was ist ein ›philosophisches Problem‹?, hrsg. von Joachim Schulte und Uwe Justus Wenzel, Frankfurt/Main: Fischer, S. 72-86.

Hampe, Michael (2007): »Begriffe als Unterscheidungsgewohnheiten«, in: ders., Eine kleine Geschichte des Naturgesetzbegriffs, Frankfurt/Main: Suhrkamp, S. 158-164.

Hampsher-Monk, Iain/Tilmans, Karin/Vree, Frank van (Hg.) (1998): History of Concepts. Comparative Perspectives, Amsterdam: Amsterdam University Press.

Heidegger, Martin (1938/1977): »Die Zeit des Weltbildes«, in: ders., Holzwege, in: Gesamtausgabe, Bd. 5, hrsg. von Friedrich-Wilhelm von Herrmann, Frankfurt/Main: Klostermann, S. 75-113.

Henne, Helmut/Mentrup, Wolfgang/Möhn, Dieter/Weinrich, Harald (Hg.) (1978): Interdisziplinäres Deutsches Wörterbuch in der Diskussion, Düsseldorf: Schwann.

Hermanns, Fritz (1991): »›Umwelt‹. Zur historischen Semantik eines deontischen Wortes«, in: Diachrone Semantik und Pragmatik. Untersuchungen zur Erklärung und Beschreibung des Sprachwandels, hrsg. von Dietrich Busse, Tübingen: Niemeyer, S. 235-257.

Hölscher, Lucian (1999/2016): Die Entdeckung der Zukunft, Göttingen: Wallstein.

Hölscher, Lucian (2000): »Begriffsgeschichte als Kulturgeschichte«, in: Akademie-Journal 2000/1, S. 10-15.

Hölscher, Lucian (2005): Geschichte der protestantischen Frömmigkeit, Bd. 1: Von der Reformation bis zum Ersten Weltkrieg. München: Beck.

Janssen, Wilhelm (1982): Art. »Krieg«, in: Geschichtliche Grundbegriffe. Historisches Lexikon zur politisch-sozialen Sprache in Deutschland, Bd. 3, hrsg. von Otto Brunner, Werner Conze und Reinhart Koselleck, Stuttgart: Klett-Cotta, S. 567-615.

Johach, Eva (2008): Krebszelle und Zellenstaat. Zur medizinischen und politischen Metaphorik in Rudolf Virchows Zellularpathologie, Freiburg u.a.: Rombach.

Jordheim, Helge (2014): »Forum: Multiple Temporalities. Introduction: Multiple Times and the Work of Synchronization«, in: History and Theory 53/4, S. 498-518.

Kämper, Heidrun (2007): Opfer, Täter, Nichttäter. Ein Wörterbuch zum Schulddiskurs 1945–1955, Berlin/New York: De Gruyter.

Keller, Rudi (1990): Sprachwandel. Von der unsichtbaren Hand in der Sprache, Tübingen und Basel: A. Francke Verlag.

Knobloch, Clemens (1992): »Überlegungen zur Theorie der Begriffsgeschichte aus sprach- und kommunikationswissenschaftlicher Sicht«, in: Archiv für Begriffsgeschichte 35, S. 7-24. *Knobloch hat in seinen methodologischen und praktischen Arbeiten zur Begriffsgeschichte als einer der wenigen Sprach- und Kommunikationswissenschaftler den Ansatz Kosellecks nicht nur kritisch rezipiert, sondern umgekehrt auch kritisch gegen unreflektierte, zum Beispiel lexikografische Ansätze der Sprachwissenschaften gestellt. Seine Überlegungen verbinden vor allem die politische und gesellschaftliche Dimension von Begriffen mit pragmatischen und diskurstheoretischen Ansätzen. Knobloch gelingt es, die sozialgeschichtliche Dimension Kosellecks (Begriffe als Indikatoren und Faktoren) in einen kommunikationstheoretischen Ansatz zu überführen. Zugleich hat er die begriffsgeschichtlichen Methoden durch die Aufnahme vergessener Quellen (z.B. des Sprachwissenschaftlers Karl Otto Erdmann oder Ludwik Flecks) bereichert.*

Koebner, Richard (1941–1943/1990): »Die Idee der Zeitwende«, in: ders., Geschichte, Geschichtsbewußtsein und Zeitwende. Vorträge und Schriften aus dem Nachlaß, hrsg. von dem Institut für Deutsche Geschichte der Universität Tel Aviv in Zusammenarbeit mit dem Richard-Koebner-Lehrstuhl für Deutsche Geschichte an der Hebräischen Universität Jerusalem und Helmut Dan Schmidt, Gerlingen: Bleicher, S. 147-193.

Koebner, Richard (1953/1990): »Wortbedeutungsforschung und Geschichtsschreibung«, in: Geschichte, Geschichtsbewußtsein und Zeitwende. Vorträge und Schriften aus dem Nachlaß, Gerlingen: Bleicher, S. 260-274. *Bereits vor Koselleck hat der ins israelische Exil vertriebene Richard Koebner ein Programm der Historischen Semantik entwickelt, das Koselleck kannte und das viele seiner Gedanken vorwegnahm; es enthält in vielen Punkten eigenständige, über diesen hinausgehende Denkmotive. Für die Begriffsgeschichte wichtig sind vor allem die Aufsätze »Die Idee der Zeitwende« (1941–1943) und »Wortbedeutungsforschung und Geschichtsschreibung« (1953). Die Historische Semantik als Studium des Bedeutungswandels von Worten sowie der gegenseitigen ›Einwirkung von sozialen Situationen und Ereignissen auf Worte und umgekehrt‹ hat es vor allem mit politischen Schlagworten sowie historischen Ausdrücken zu tun. Wenn Koebner auch den Wandel des historischen Bewusstseins zum Thema der Historischen Semantik macht, dann hängt das eng zusammen mit dem Begriff der ›Zeitenwende‹, dessen Einsatz er in der Frühen Neuzeit beginnen und in seiner Zeit kulminieren sieht.*

Kollmeier, Kathrin (29.10.2012): »Begriffsgeschichte und Historische Semantik« (Version 2.0), in: Docupedia-Zeitgeschichte, http://docupedia.de/zg/kollmeier_begriffsgeschichte_v2_de_2012, letzter Zugriff 10.03. 2020. *Der Aufsatz von Kathrin Kollmeier ist eine konzise geschriebene Darstellung der Geschichte von Forschungen zur Historischen Semantik vornehmlich in der Geschichtswissenschaft. Kollmeier fasst die Begriffsgeschichte unter dem Oberbegriff der Historischen Semantik, wobei sich deren Analyse nicht mehr allein auf die Historizität von Begriffen beschränkt. Sie hat zugleich den Bedeutungsgehalt und -wandel von Worten, Begriffen, Sprachen und Diskursen sowie von kulturellen Codes wie Bildern, Ritualen, Habitus und Performativa zu untersuchen. Die Autorin liefert auch*

Überlegungen zu einer Historischen Semantik des 20. Jahrhunderts, die sich sowohl dem semantischen Wandel im Zuge von politischen, sozialen und kulturellen Brüchen und Diskontinuitäten wie auch den relativ stabil bleibenden Bedeutungen im gesamten 20. Jahrhundert zuwenden sollte.

Konersmann, Ralf (1994): Der Schleier des Timanthes. Perspektiven der historischen Semantik, Frankfurt/Main: Fischer. *Konersmann präsentiert Überlegungen zu einer Historischen Semantik, die sich als kulturphilosophische Bedeutungsgeschichte oder kulturgeschichtliche Semantik versteht. Anregungen unter anderem von Cassirer, Benjamin und Blumenberg aufnehmend, wird der Rahmen der philosophischen Begriffsgeschichte durch den Einbezug von Stilfragen, Metaphorologie, Rhetorik, Narratologie sowie von Text-Bild-Relationen überschritten. Das Hauptinteresse an der Genesis, Struktur und Wandelbarkeit von Bedeutungen lässt die Historische Semantik als ein interdisziplinäres Unterfangen erscheinen, das sich als gegenwartsgebundene Interpretationsdisziplin seiner eigenen Relativität, Perspektivität und Revidierbarkeit bewusst ist, ohne deshalb den Anspruch auf historische (Selbst-)Erkenntnis und Verbindlichkeit preiszugeben.*

Kopp-Oberstebrink, Herbert (2014): »Umbesetzung«, in: Blumenberg lesen. Ein Glossar, hrsg. von Robert Buch und Daniel Weidner, Berlin: Suhrkamp, S. 350-362.

Koselleck, Reinhart (1967): »Richtlinien für das Lexikon politisch-sozialer Begriffe der Neuzeit«, in: Archiv für Begriffsgeschichte 11, S. 81-99.

Koselleck, Reinhart (1971/2010): »Wozu noch Historie?«, in: ders., Vom Sinn und Unsinn der Geschichte. Aufsätze und Vorträge aus vier Jahrzehnten, hrsg. u. m. e. Nachwort v. Carsten Dutt, Berlin: Suhrkamp, S. 32-51.

Koselleck, Reinhart (1972): »Einleitung«, in: Geschichtliche Grundbegriffe. Historisches Lexikon zur politisch-sozialen Sprache in Deutschland, Bd. 1, hrsg. von Otto Brunner, Werner Conze und Reinhart Koselleck, Stuttgart: Klett-Cotta, S. XIII-XXVII.

Koselleck, Reinhart (Hg.) (1979a): Historische Semantik und Begriffsgeschichte, Stuttgart: Klett-Cotta.

Koselleck, Reinhart (1979b): »Begriffsgeschichte und Sozialgeschichte«, in: ders., Vergangene Zukunft. Zur Semantik geschichtlicher Zeiten, Frankfurt/Main: Suhrkamp, S. 107-129.

Koselleck, Reinhart (1979c): ›Erfahrungsraum‹ und ›Erwartungshorizont‹ – zwei historische Kategorien, in: ders., Vergangene Zukunft. Zur Semantik geschichtlicher Zeiten, Frankfurt/Main: Suhrkamp, S. 349-375.

Koselleck, Reinhart (1987/2000): »Historik und Hermeneutik«, in: ders., Zeitschichten. Studien zur Historik, Frankfurt/Main: Suhrkamp, S. 337, S. 97-118.

Koselleck, Reinhart (1992): »Einleitung«, in: Geschichtliche Grundbegriffe. Historisches Lexikon zur politisch-sozialen Sprache in Deutschland, Bd. 7, hrsg. von Otto Brunner, Werner Conze und Reinhart Koselleck, Stuttgart: Klett-Cotta, S. V-VIII.

Koselleck, Reinhart (1997/2010): »Vom Sinn und Unsinn der Geschichte«, in: ders., Vom Sinn und Unsinn der Geschichte. Aufsätze und Vorträge aus vier Jahrzehnten, hrsg. und mit einem Nachwort von Carsten Dutt, Berlin: Suhrkamp, 2010, S. 9-31.

Koselleck, Reinhart (1998a): »Politische Sinnlichkeit und mancherlei Künste«, in: Politische Inszenierung im 20. Jahrhundert. Zur Sinnlichkeit der Macht, hrsg. von Sabine R. Arnold, Christian Fuhrmeister und Dietmar Schiller, Wien/Köln/Weimar: Böhlau, S. 25-34.

Koselleck, Reinhart (1998b): »Begriffsgeschichte, Sozialgeschichte, begriffene Geschichte. Reinhart Koselleck im Gespräch mit Christof Dipper«, in: Neue Politische Literatur 43/2, S. 187-205.

Koselleck, Reinhart (2000): Zeitschichten. Studien zur Historik. Mit einem Beitrag von Hans-Georg Gadamer, Frankfurt/Main: Suhrkamp. *Kosellecks Theorie der Begriffsgeschichte ist eingebunden in eine kaum von ihr zu trennende übergreifende Theorie der Zeitschichten und der Historik; um Kosellecks Begriffsgeschichte zu verstehen, sind die hier versammelten Beiträge zu denen des Bandes »Begriffsgeschichte« unbedingt hinzuziehen. Schon der Titel »Über die Theoriebedürftigkeit der Geschichtswissenschaft« zeigt den antipositivistischen Ansatz Kosellecks. Neben Überlegungen zum Verhältnis der Historik zur Hermeneutik und Sprache, neben der Behandlung wichtiger Begriffe wie Zeitschichten, Erfahrungswandel, Wiederholungsstrukturen unternimmt Koselleck den widersprüchlichen Versuch, die Historik selbst überzeitlich zu verankern. Der Band enthält zudem begriffsgeschichtliche Untersuchungen zu Zeitbegriffen (z.B. zu Beschleunigung, Utopie, Prognose, Neuzeit).*

Koselleck, Reinhart (2006a): Begriffsgeschichten. Studien zur Semantik und Pragmatik der politischen und sozialen Sprache, mit zwei Beiträgen von

Ulrike Spree und Willibald Steinmetz sowie einem Nachwort zu Einleitungsfragmenten Reinhart Kosellecks von Carsten Dutt, Frankfurt/Main: Suhrkamp. *Die posthume Sammlung von 25 Aufsätzen, viele Arbeiten Kosellecks über fast 25 Jahre repräsentierend, spannt einen Bogen von der Theorie und Methode der Begriffsgeschichte über verdichtete Geschichten zu modernen Schlüsselbegriffen (wie Staat, Revolution, Emanzipation, Utopie, Bildung) bis hin zu seinem Anspruch, im Überschritt von der Begriffsgeschichte zur begriffenen Geschichte einen Beitrag zur Theorie der Geschichte und modernen Gesellschaft zu leisten. Inhaltliche Schwerpunkte bilden Analysen zur Aufklärungssprache sowie zur Semantik der politischen und sozialen Verfassungsgeschichte. Die Texte zehren von den Erfahrungen der Arbeit am Wörterbuch der »Geschichtlichen Grundbegriffe« und werten diese zugleich methodisch und theoretisch aus. Kosellecks Arbeiten bilden die wichtigste Quelle für die Methodendiskussion der sozialhistorischen Begriffsgeschichte.*

Koselleck, Reinhart (2006b): »Sprachwandel und Ereignisgeschichte«, in: ders., Begriffsgeschichten. Studien zur Semantik und Pragmatik der politischen und sozialen Sprache, Frankfurt/Main: Suhrkamp S. 32-55.

Koselleck, Reinhart (2006c): »Die Geschichte der Begriffe und Begriffe der Geschichte«, in: ders., Begriffsgeschichten. Studien zur Semantik und Pragmatik der politischen und sozialen Sprache, Frankfurt/Main: Suhrkamp, S. 56-76.

Koselleck, Reinhart (2006d): »Stichwort: Begriffsgeschichte«, in: ders., Begriffsgeschichten. Studien zur Semantik und Pragmatik der politischen und sozialen Sprache, Frankfurt/Main: Suhrkamp, S. 99-102.

Koselleck, Reinhart/Carl Schmitt (2019): Der Briefwechsel 1953–1983 und weitere Materialien, hrsg. von Jan Eike Dunkhase, Berlin: Suhrkamp.

Kranz, Margarita (2011): »Begriffsgeschichte institutionell. Die Senatskommission für Begriffsgeschichte der Deutschen Forschungsgemeinschaft (1956–1966). Darstellung und Dokumente«, in: Archiv für Begriffsgeschichte 53, S. 153-226.

Kuhn, Thomas S. (1967): Die Struktur wissenschaftlicher Revolutionen, Frankfurt/Main: Suhrkamp.

Kuhn, Thomas S. (1977): »Neue Überlegungen zum Begriff des Paradigma«, in: ders., Die Entstehung des Neuen. Studien zur Struktur der Wissenschaftsgeschichte, hrsg. von Lorenz Krüger, Frankfurt/Main: Suhrkamp, S. 389-415.

Lakoff, George/Johnson, Mark (1980): Leben in Metaphern. Konstruktion und Gebrauch von Sprachbildern, Heidelberg: Carl-Auer.

Leendertz, Ariane/Meteling, Wencke (Hg.) (2016): Die neue Wirklichkeit. Semantische Neuvermessungen und Politik seit den 1970er-Jahren, Frankfurt/New York: Campus. *Im Anschluss an sozialhistorische ›Nach-dem-Boom‹-Thesen interessiert die beiden Herausgeberinnen, inwiefern sich seit den 1970er Jahren in neuen oder umgedeuteten Begriffen, Bildern und Metaphern, Topoi und Argumentationsweisen eine neue Wirklichkeit abzuzeichnen begann. Die Autoren des Bandes untersuchen Begriffe wie ›Vernetzung‹, ›Eine Welt‹, ›Komplexität‹, ›Standort‹, ›Wachstum‹ und dessen Gegenbegriff ›Décroissance‹, die Begriffskomplexe ›Planung, Selbstorganisation und Prävention‹ sowie ›Sicherheit und Risiko‹. Als eine Vorarbeit für eine Begriffsgeschichte des 20. Jahrhunderts ist der Ansatz besonders interessant, den Zusammenhang zwischen Bezeichnungsrevolution, Bedeutungsverschiebungen und Politik in den Blick zu nehmen und mit der These zu verbinden, dass gerade sich häufende Bezeichnungsrevolutionen Indikatoren gesellschaftlichen Wandels seien.*

Le Goff, Jacques (1974/1989): »Eine mehrdeutige Geschichte«, in: Mentalitäten-Geschichte. Zur historischen Rekonstruktion geistiger Prozesse, hrsg. von Ulrich Raulff, Berlin: Wagenbach, S. 18-32.

Lehmann, Hartmut/Richter, Melvin (Hg.) (1996): The Meaning of Historical Terms and Concepts. New Studies on »Begriffsgeschichte«, Washington D.C.: German Historical Institute.

Leonhard, Jörn (2004): »Grundbegriffe und Sattelzeiten – Languages and Discourses. Europäische und anglo-amerikanische Deutungen des Verhältnisses von Sprache und Geschichte«, in: Interkultureller Transfer und nationaler Eigensinn. Europäische und anglo-amerikanische Positionen der Kulturwissenschaften, hrsg. von Rebekka Habermas und Rebekka von Mallinckrodt, Göttingen: Wallstein, S. 71-86.

Leonhard, Jörn/Steinmetz, Willibald (Hg.) (2016): Semantiken der Arbeit: Diachrone und vergleichende Perspektiven, Industrielle Welt 91, Köln/Weimar/Wien: Böhlau.

Link, Jürgen/Gerhard, Ute/Drews, Axel (1985): »Moderne Kollektivsymbolik. Eine diskurstheoretisch orientierte Einführung mit Auswahlbibliografie«, in: Internationales Archiv für Sozialgeschichte der deutschen Literatur Sonderheft 1, S. 256-375.

Locher, Hubert (2013): »›Politische Ikonologie‹ und ›politische Sinnlichkeit‹. Bild-Diskurs und historische Erfahrung nach Reinhart Koselleck«, in: Reinhart Koselleck und die Politische Ikonologie, hrsg. von ders. und Adriana Markantonatos, Berlin: Deutscher Kunstverlag, S. 14-31.
Lovejoy, Arthur Oncken (1985): Die große Kette der Wesen. Geschichte eines Gedankens, Frankfurt/Main: Suhrkamp. *Der Begründer der Ideengeschichte in den USA rekonstruiert die Entstehung, Entfaltung und Auflösung des bis in die Antike zurückverfolgten Titeltopos. Die starke Kontinuitätsfixierung und die Thesen zu sogenannten Elementarideen sind heute eher kritisch zu beurteilen. Von anhaltendem Interesse sind aber der interdisziplinäre Ansatz sowie die Analysen zur Verzeitlichung des Topos. Lovejoy verwendet diesen analytischen Begriff lange vor Koselleck und zwar auf dem Feld der Wissenschaftsgeschichte, das Koselleck selbst weithin ausgespart hatte und das die Begriffsgeschichte hierzulande erst in jüngerer Zeit verstärkt erschlossen hat.*
Luhmann, Niklas (1980): »Gesellschaftliche Struktur und semantische Tradition«, in: ders., Gesellschaftsstruktur und Semantik. Studien zur Wissenssoziologie der modernen Gesellschaft, Bd. 1, Frankfurt/Main: Suhrkamp, S. 9-72.
Lübbe, Hermann (1975a): »Begriffsgeschichte als dialektischer Prozeß«, in: Archiv für Begriffsgeschichte 19, S. 8-15.
Lübbe, Hermann (1975b): Säkularisierung. Geschichte eines ideenpolitischen Begriffs, Freiburg/München: Alber, S. 9-22.
Marx, Karl (1867/1985): Das Kapital. Kritik der politischen Ökonomie, in: Marx-Engels-Werke, Bd. 23, Berlin (Ost): Dietz.
Mayer, Ruth/Weingart, Brigitte (2004): »Viren zirkulieren. Eine Einleitung«, in: dies. (Hg.), Virus! Mutationen einer Metapher, Bielefeld: transcript, S. 7-41.
Meier, Helmut Günter (1971): Art. »Begriffsgeschichte«, in: Historisches Wörterbuch der Philosophie, Bd. 1, hrsg. von Joachim Ritter, Basel/Stuttgart: Schwabe, Sp. 788-808, hier Sp. 807.
Meier, Ulrich/Papenheim, Martin/Steinmetz, Willibald (2012): Semantiken des Politischen. Vom Mittelalter bis ins 20. Jahrhundert, Göttingen: Wallstein.
Müller, Ernst (2015): »Energie«, in: Schlüsselbegriffe der Philosophie des 19. Jahrhunderts, hrsg. von Annika Hand, Christian Bermes und Ulrich Dierse, Archiv für Begriffsgeschichte Sonderband, Hamburg: Meiner.

Müller, Ernst/Schmieder, Falko (2016): Begriffsgeschichte und historische Semantik. Ein kritisches Kompendium, Berlin: Suhrkamp. *Dieses Kompendium unternimmt auf über 1000 Seiten eine umfassende Rekonstruktion und historische Verortung verschiedenster Ansätze semantikgeschichtlicher Forschung in Philosophie, Historiografie, Soziologie, Sprachwissenschaft, Wissenschaftsgeschichte und Kulturwissenschaft. Es bietet theoretische und historische Orientierungen und erschließt der Forschungspraxis neue interdisziplinäre Dimensionen und Fragestellungen. Begriffsgeschichte und Historische Semantik sind keineswegs, wie es zunächst scheint, neutrale, rein technische Methoden, sie wurden im Laufe ihrer Geschichte verschiedensten und zum Teil gegensätzlichen Funktionen dienstbar gemacht. Zu den überraschenden Befunden gehört, dass zwar viele ihrer Ansätze das historische Denken befördert haben, sie aber dennoch oft vor den Konsequenzen der eigenen Methode zurückgeschreckt sind. Das Paradigma der Begriffsgeschichte ist bis heute selten ausgereizt worden.*

Müller, Ernst/Schmieder, Falko (2018): »Begriffsgeschichte und Wissenschaftsgeschichte. Bestandsaufnahme und Forschungsperspektiven«, in: Themenheft ›Neue Wege der Begriffsgeschichte‹, hrsg. von Margit Pernau, in: Geschichte und Gesellschaft. Zeitschrift für Historische Sozialwissenschaft 44/1, S. 79-106.

Nietzsche, Friedrich (1872/²1988): »Über Wahrheit und Lüge im außermoralischen Sinne«, in: Kritische Studienausgabe in 15 Bänden, Bd. 1, hrsg. von Giorgio Colli und Mazzino Montinari, München/Berlin: dtv/De Gruyter, S. 873-890.

Nietzsche, Friedrich (1887/1988): »Zur Genealogie der Moral«, in: Kritische Studienausgabe in 15 Bänden, Bd. 5, hrsg. von Giorgio Colli und Mazzino Montinari, München/Berlin: dtv/De Gruyter.

Oexle, Otto Gerhard (2009): »›Begriffsgeschichte‹ – Eine noch nicht begriffene Geschichte«, in: Philosophisches Jahrbuch 116, S. 381-400.

Oncina Coves, Faustino (2016): »Begriffsgeschichte als Ideologiekritik bei Reinhart Koselleck«, in: Forum Interdisziplinäre Begriffsgeschichte 5/2, S. 42-53, https://www.zfl-berlin.org/files/zfl/downloads/publikationen/forum_begriffsgeschichte/ZfL_FIB_5_2016_2_Coves.pdf, letzter Zugriff 23.3.2020.

Ophir, Adi (2012): »Begriff«, in: Forum Interdisziplinäre Begriffsgeschichte 1/1, S. 1-24, http://www.zfl-berlin.org/forum-begriffsgeschichte-detail/items/forum-interdisziplinaere-begriffsgeschichte.html, letzter Zugriff 23.3.2020.

Palonen, Kari (2004): Die Entzauberung der Begriffe. Das Umschreiben der politischen Begriffe bei Quentin Skinner und Reinhart Koselleck, Münster u.a: LIT.

Parnes, Ohad/Vedder, Ulrike/Willer, Stefan (2008): Das Konzept der Generation. Eine Wissenschafts- und Kulturgeschichte, Frankfurt/Main: Suhrkamp.

Pernau, Margrit (2007a): »Transkulturelle Geschichte und das Problem der universalen Begriffe. Muslimische Bürger im Delhi des 19. Jahrhunderts«, in: Area Studies und die Welt. Weltreligionen und neue Globalgeschichte, hrsg. von Birgit Schäbler, Wien: Mandelbaum, S. 117-149.

Pernau, Margrit (2007b): »Gab es eine indische Zivilgesellschaft im 19. Jahrhundert? Überlegungen zum Verhältnis von Globalgeschichte und historischer Semantik«, in: Traverse 3, S. 51-66.

Rajamani, Imke: »Pictures, Emotions, Conceptual Change. Anger in Popular Hindi Cinema«, in: Contributions to the History of Concepts 7/2, S. 52-77.

Rosa, Hartmut (2013): Beschleunigung und Entfremdung. Entwurf einer kritischen Theorie spätmoderner Zeitlichkeit, Berlin: Suhrkamp.

Reichardt, Rolf (1978): »›Histoire des Mentalités‹. Eine neue Dimension der Sozialgeschichte am Beispiel des französischen Ancien Régime«, in: Internationales Archiv für Sozialgeschichte der deutschen Literatur 3, S. 130-166.

Reichardt, Rolf (1985): »Einleitung«, in: Handbuch politisch-sozialer Grundbegriffe in Frankreich 1680–1820, Heft 1–2: Allgemeine Bibliographie. Einleitung. Wörterbücher in der Französischen Revolution, München: Oldenbourg, S. 39-148. *Die Einleitung in das als Komplementär- und Gegenprojekt zu den »Geschichtlichen Grundbegriffen« zu verstehende Handbuch gründet auf der zeitgenössischen Methodenkritik an Kosellecks Wörterbuch, die erweitert und für das eigene Unternehmen produktiv gemacht wird. Beabsichtigt wird die Einlösung des sozialhistorischen Anspruchs der Begriffsgeschichte, zum sozialen Wissen und zum Allgemeinen der Kollektivsprache vorzudringen, die zugleich nach Gruppencodes und sozialen Schichtungen differenziert zu untersuchen ist. Reichardt entwickelt ein Konzept sozialhistorischer Tiefensemantik, das als Mittelweg zwischen Lexikografie und Begriffsgeschichte verstanden wird und Perspektiven der Diskurssemantik, Argumentationsgeschichte und Textpragmatik einbringt.*

Rheinberger, Hans-Jörg (2008): »Begriffsgeschichte epistemischer Objekte«, in: Begriffsgeschichte der Naturwissenschaften. Zur historischen und kulturellen Dimension naturwissenschaftlicher Konzepte, hrsg. von Ernst Müller und Falko Schmieder, Berlin/New York: De Gruyter, S. 1-9.

Ritter, Joachim (1971): »Vorwort«, in: Ritter, Joachim/Gründer, Karlfried/Gabriel, Gottfried (Hg.), Historisches Wörterbuch der Philosophie, Bd. 1, Darmstadt: Schwabe, V-XI.

Sabrow, Martin (2014): Zeitgeschichte schreiben. Von der Verständigung über die Vergangenheit in der Gegenwart, Göttingen: Wallstein.

Sarasin, Philipp (2003): »Infizierte Körper, kontaminierte Sprachen. Metaphern als Gegenstand der Wissenschaftsgeschichte«, in: ders., Geschichtswissenschaft und Diskursanalyse, Frankfurt/Main: Suhrkamp, S. 191-230.

Sartori, Andrew (2008): Bengal in Global Concept History. Culturalism in the Age of Capital, Chicago u.a.: University of Chicago Press.

Scherer, Bernd (2019): »Zur Poetik des Wörterbuchs«, in: ders./Schubert, Olga von/Aue, Stefan (Hg.), Wörterbuch der Gegenwart, Berlin: Matthes & Seitz, o.p.

Schmieder, Falko (2013): »Anführungszeichen als Symptom. Zum historischen Bedeutungs- und Funktionswandel einer Zeichenform«, in: Forum Interdisziplinäre Begriffsgeschichte 2/1, S. 61-66.

Scholtz, Gunter (2000a) (Hg.): Die Interdisziplinarität der Begriffsgeschichte, Archiv für Begriffsgeschichte Sonderheft 1, Hamburg: Meiner.

Scholtz, Gunter (2000b): »Begriffsgeschichte als historische Philosophie und philosophische Historie«, in: ders. (Hg.), Die Interdisziplinarität der Begriffsgeschichte, Hamburg: Meiner, S. 183-200.

Schröder, Winfried (2000): »Was heißt ›Geschichte eines philosophischen Begriffs‹?«, in: Die Interdisziplinarität der Begriffsgeschichte, hrsg. von Gunter Scholtz, Hamburg: Meiner, S. 159-172.

Schultz, Heiner (1979): »Begriffsgeschichte und Argumentationsgeschichte«, in: Historische Semantik und Begriffsgeschichte, hrsg. von Reinhart Koselleck, Stuttgart: Klett-Cotta, S. 43-74.

Skinner, Quentin (1969): »Meaning and Understanding in the History of Ideas«, in: History and Theory 8/1, S. 3-53. *Der Aufsatz ist ein Schlüsseldokument der Kritik an der traditionellen Ideengeschichte. Skinner kritisiert unter anderem die Verfahren der Entkontextualisierung, Enthistori-*

sierung und Kohärenzstiftung, um auf dieser Grundlage einen alternativen Ansatz zur politischen Ideengeschichtsschreibung zu präsentieren. Im Ausgang von Einsichten der Sprachpragmatik Wittgensteins und der Sprechakttheorie Austins sollen die konkreten historischen Problemlagen, Intentionen und Interventionen der jeweiligen Begriffsverwendungen analysiert werden. Der Sprachgebrauch soll dabei immer auch praktisch, als Akt verändernden Eingreifens verstanden werden, was nur gelingen könne, wenn die jeweiligen theoriegeschichtlichen, ideenpolitischen und sprachlichen Kontexte der Sprachhandlungen in die Analyse einbezogen werden.

Steinmetz, Willibald (1993): Das Sagbare und das Machbare. Zum Wandel politischer Handlungsspielräume. England 1780–1867, Stuttgart: Klett-Cotta.

Steinmetz, Willibald (2008): »Vierzig Jahre Begriffsgeschichte – The State of the Art«, in: Sprache – Kognition – Kultur. Sprache zwischen mentaler Struktur und kultureller Prägung, hrsg. von Heidrun Kämper und Ludwig M. Eichinger, Berlin/New York: De Gruyter, S. 174-197. *Der grundsätzliche Essay von einem Koselleck-Schüler, der den begriffsgeschichtlichen Ansatz weitergeführt hat, hat wichtige begriffliche Klärungen vorgenommen und Ideen eines noch heute wirksamen Forschungsprogramms entworfen. In Auseinandersetzung mit der generellen Kritik an der Begriffsgeschichte diskutiert Steinmetz den Unterschied zwischen Begriffsgeschichte und Historischer Semantik und plädiert dafür, die Begriffsgeschichte als eine abgekürzte Methode der Historischen Semantik zu verstehen. Ihre zukünftigen Felder sieht er in der Überschreitung nationaler Horizonte und der Ausweitung auf die transnationale und globale Geschichte. Zu einem wichtigen methodischen Problem wird dabei der ›Vergleich‹. Außerdem diskutiert Steinmetz praxisnah die Frage, wie sich semantischer Wandel vollzieht.*

Steinmetz, Willibald (2011): »Nachruf auf Reinhart Koselleck (1923–2006)«, in: Begriffene Geschichte. Beiträge zum Werk Reinhart Kosellecks, hrsg. von Hans Joas und Peter Vogt, Berlin: Suhrkamp, S. 57-83.

Stierle, Karlheinz (1979): »Historische Semantik und die Geschichtlichkeit der Bedeutung«, in: Historische Semantik und Begriffsgeschichte, hrsg. von Reinhart Koselleck, Stuttgart: Klett-Cotta, S. 154-192.

Stollberg-Rilinger, Barbara (Hg.) (2010): Ideengeschichte, Basistexte Geschichte, Bd. 6, Stuttgart: Franz Steiner.

Thielmann, Winfried (1999): Fachsprache der Physik als begriffliches Instrumentarium. Exemplarische Untersuchungen zur Funktionalität naturwissenschaftlicher Begrifflichkeit bei der Wissensgewinnung und -strukturierung im Rahmen der experimentellen Befragung von Natur, Frankfurt/Main/New York: Lang.

Ullmann, Stephen (1967): Grundzüge der Semantik. Die Bedeutung in sprachwissenschaftlicher Sicht, Berlin: De Gruyter.

Veit-Brause, Irmline (2000): »Die Interdisziplinarität der Begriffsgeschichte als Brücke zwischen den Disziplinen«, in: Die Interdisziplinarität der Begriffsgeschichte, hrsg. von Gunter Scholtz, Hamburg: Meiner, S. 15-30.

Weigel, Sigrid/Willer, Stefan/Jussen, Bernhard (2013): Erbe. Übertragungskonzepte zwischen Natur und Kultur, Berlin: Suhrkamp.

Wengeler, Martin (2002): »Beabsichtigter Sprachwandel und die ›Unsichtbare Hand‹. Oder: Können verbale Strategien die Bedeutungsentwicklung ›brisanter Wörter‹ beeinflussen?«, in: Politische Konzepte und verbale Strategien. Brisante Wörter – Begriffsfelder – Sprachbilder, hrsg. von Oswald Panagl und Horst Stürmer, Frankfurt/Main u.a.: Lang, S. 63-84.

Werner, Michael/Zimmermann, Bénédicte (2002): »Vergleich, Transfer, Verflechtung. Der Ansatz der Histoire croisée und die Herausforderung des Transnationalen«, in: Geschichte und Gesellschaft 28/4, S. 607-636.

Winkler, Heinrich August (2002): Der lange Weg nach Westen. Zweiter Band. Deutsche Geschichte vom »Dritten Reich« bis zur Wiedervereinigung, München: Beck.

Wittgenstein, Ludwig (1953/2001): Philosophische Untersuchungen. Kritisch-genetische Edition, hrsg. von Joachim Schulte, Frankfurt/Main: Suhrkamp.

Wobbe, Theresa (2010): »Für eine Historische Semantik des 19. und 20. Jahrhunderts. Kommentar zu Christian Geulen«, in: Zeithistorische Forschungen 7/1, S. 104-109.

Begriffsgeschichtliche Wörterbücher und Periodika

Ästhetische Grundbegriffe. Historisches Wörterbuch in sieben Bänden, hrsg. von Karlheinz Barck, Martin Fontius, Dieter Schlenstedt, Burkhart Steinwachs, Friedrich Wolfzettel, Stuttgart/Weimar: Metzler, 2000–2005.

Contributions to the History of Concepts, hrsg. von Jani Marjanen, Jan Ifversen, Margrit Pernau, New York/Oxford: Berghahn, 2011 ff.

Archiv für Begriffsgeschichte (AfB), begründet von Erich Rothacker, hrsg. von Carsten Dutt, Christian Bermes, Hubertus Busche, Michael Erler, Hamburg: Meiner, 1955 ff.

Forum Interdisziplinäre Begriffsgeschichte (FIB), hrsg. von Ernst Müller, https://zfl-berlin.org/forum-begriffsgeschichte.html, letzter Zugriff 23. 3.2020.

Historisch-Kritisches Wörterbuch des Marxismus, bisher 9 Bde., Haug, Wolfgang Fritz/Haug, Frigga/Jehle, Peter/Küttler, Wolfgang u.a. (Hg.) (1994 ff.): Hamburg: Argument.

Koselleck, Reinhart/Brunner, Otto/Conze, Werner (Hg.) (1972–1997): Geschichtliche Grundbegriffe. Historisches Lexikon zur politisch-sozialen Sprache in Deutschland, 8 Bde., Stuttgart: Klett-Cotta.

Reichardt, Rolf/Schmitt, Eberhardt/Lüsebrink, Hans-Jürgen (Hg.) (1985 ff.): Handbuch politisch-sozialer Grundbegriffe in Frankreich 1680–1820, München: Oldenbourg.

Ritter, Joachim/Gründer, Karlfried/Gabriel, Gottfried (Hg.) (1971–2007): Historisches Wörterbuch der Philosophie, 13 Bde., Basel/Stuttgart: Schwabe.

Toepfer, Georg (2011): Historisches Wörterbuch der Biologie. Geschichte und Theorie der biologischen Grundbegriffe, 3 Bde., Stuttgart/Weimar: Metzler.

Ueding, Gert (Hg.) (1992–2015): Historisches Wörterbuch der Rhetorik, 12 Bde., Tübingen: Niemeyer.

Personenregister

Wo Werke der betreffenden Personen kommentiert werden, verweist das Personenregister auch auf das Literaturverzeichnis.

Sachregister

Die wichtigsten Einträge des Sachregisters werden kursiv hervorgehoben..

Ernst Müller arbeitet am Leibniz-Zentrum für Literatur- und Kulturforschung in Berlin und lehrt als Professor für Philosophie an der Humboldt-Universität zu Berlin.

Der Kulturwissenschaftler **Falko Schmieder** arbeitet am Leibniz-Zentrum für Literatur- und Kulturforschung in Berlin und ist Privatdozent an der Humboldt-Universität zu Berlin.

Beide veröffentlichten im Jahre 2016 im Suhrkamp Verlag das Buch *Begriffsgeschichte und historische Semantik. Ein kritisches Kompendium.* 2008 gaben sie im Verlag Walter De Gruyter das Buch *Begriffsgeschichte der Naturwissenschaften. Zur historischen und kulturellen Dimension naturwissenschaftlicher Konzepte* heraus. Gemeinsam mit Barbara Picht sind sie Herausgeber des begriffsgeschichtlichen Wörterbuchs *Das 20. Jahrhundert in Grundbegriffen. Lexikon zur politisch-sozialen und kulturellen Semantik in Deutschland.*